Zhongguo Tese Qiye Xinxing Xuetuzhi Peixun Jiaocai

中国特色企业新型学徒制培训教材

# 劳模精神 劳动精神 工匠精神

人力资源社会保障部教材办公室 组织编写




**本书编审人员**

**主 编:** 高丽萍

**副主编:** 李 岩

**参 编:** 刘 欣 任超群 谢 颜

**主 审:** 崔秋立 郭 虹



中国劳动社会保障出版社

## 内容简介

本书是中国特色企业新型学徒制培训教材通用素质课程教材中的一种，主要内容包括时代呼唤、劳模精神、劳动精神和工匠精神。

本书适用于各类企业与职业院校、职业培训机构、企业培训中心等教育培训机构开展中国特色企业新型学徒制培训，也适用于企业岗位技能培训和就业技能培训。

**图书在版编目（CIP）数据**

劳模精神　劳动精神　工匠精神 / 人力资源社会保障部教材办公室组织编写 . -- 北京 : 中国劳动社会保障出版社，2023

中国特色企业新型学徒制培训教材

ISBN 978-7-5167-5768-0

Ⅰ. ①劳…　Ⅱ. ①人…　Ⅲ. ①职业道德 - 中国 - 教材　Ⅳ. ①B822.9

中国国家版本馆 CIP 数据核字（2023）第 011408 号

**中国劳动社会保障出版社出版发行**

（北京市惠新东街 1 号　邮政编码：100029）

*

北京市科星印刷有限责任公司印刷装订　新华书店经销

787 毫米 ×1092 毫米　16 开本　11.5 印张　188 千字

2023 年 2 月第 1 版　2024 年 8 月第 3 次印刷

**定价：33.00 元**

营销中心电话：400-606-6496

出版社网址：http://www.class.com.cn

# 前　言

为贯彻《关于加强新时代高技能人才队伍建设的意见》文件精神，落实《关于全面推行中国特色企业新型学徒制　加强技能人才培养的指导意见》（人社部发〔2021〕39 号）有关要求，适应规范化、标准化、制度化开展企业新型学徒制培训对教材的需求，建立完善适应新时代企业新型学徒制培训需求的高质量教学资源体系，人力资源社会保障部教材办公室组织有关行业、企业、院校和培训机构的专家编写了中国特色企业新型学徒制培训教材。

中国特色企业新型学徒制培训教材依据国家职业技能标准、职业培训课程规范等进行开发。以培养劳模精神、劳动精神、工匠精神为引领，主动对接学徒生产实际，强化职业道德、职业素养及职业能力培养，积极适应产业变革、技术变革、组织变革和企业技术创新等需求。以工作过程、学习行动、问题解决为导向，有机融合理论培训与实践培训内容，贴近学徒实际水平、贴近企业实际需要、贴近岗位工作现场。

中国特色企业新型学徒制培训教材包括通用素质课程教材和专业基础课程教材两类。其中，通用素质课程教材注重对学徒综合素质和可迁移技能的培养，促进其具备良好职业道德、职业素养及职业能力，能够安全胜任岗位工作；专业基础课程教材注重对学徒专业基础知识和基本技能的培养，促进其适应有关职业（工种）技能的学习。

首批开发的中国特色企业新型学徒制培训教材依据通用素质课程培训大纲、机械类专业基础课程培训大纲、电工电子类专业基础课程培训大纲、汽车类专业基础课程培训大纲编写，具体包括《劳模精神　劳动精神　工匠精神》等 9 种通用素质课程教材，以及机械类、电工电子类、汽车类等专业大类的 10 种专业基础课程教材。

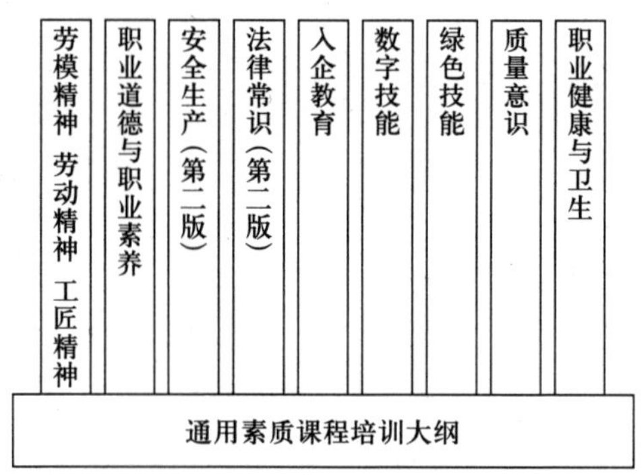


通用素质课程教材体系

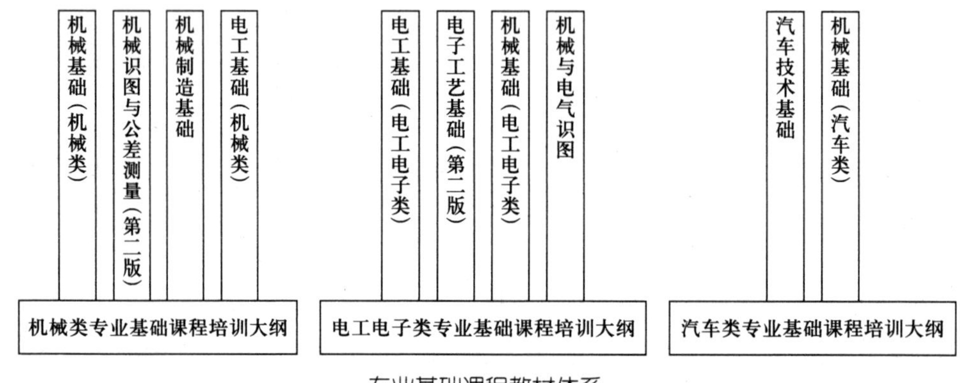


专业基础课程教材体系

本教材是开展中国特色企业新型学徒制培训的重要教学资源。主体读者对象为参加企业新型学徒制培训人员，也适用于企业岗位技能培训和就业技能培训人员。

本教材由中国劳动关系学院高丽萍担任主编、李岩担任副主编并负责统稿。本教材第 1 章由李岩编写，第 2 章由刘欣、高丽萍编写，第 3 章由谢颜编写，第 4 章由任超群、李岩编写。本教材在开发过程中得到了北京、内蒙古、辽宁、浙江、山东、河南、广东、重庆、陕西等地人力资源社会保障厅（局）及中国劳动关系学院劳模学院、山东劳动职业技术学院、太原技师学院相关企业、院校、培训机构的大力支持与协助，在此一并表示衷心的感谢。欢迎读者对完善本教材提出宝贵意见。

人力资源社会保障部教材办公室

# 目录

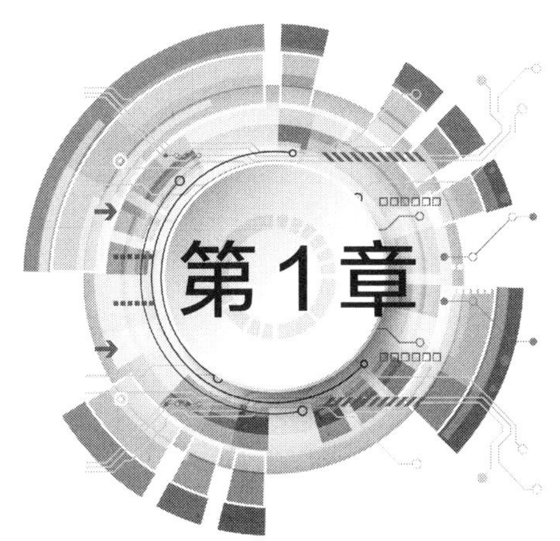

# 第1章 时代呼唤

## 学习目标

1. 了解劳模精神、劳动精神、工匠精神的科学内涵。
2. 了解新时代弘扬劳模精神、劳动精神、工匠精神的价值。

**学习导读**

### 印着中国符号的铆钉飞进了世界舞台

相比质量几十吨的飞机，一颗颗起到连接和固定作用的小铆钉显得微不足道，但中航西飞国际航空部件厂的铆装钳工薛莹从不疏忽对每一颗铆钉的敬意，凭着这份执着，她和她的伙伴实现了“用一根手指的力量就能把前缘装配到垂尾上”的目标，让印着中国符号的铆钉飞进了世界舞台。

在飞机制造业一线奋斗了30多年的薛莹，曾获全国劳动模范、全国三八红旗手标兵、全国道德模范、最美奋斗者等荣誉，还当选党的十八大代表、党的十九大代表、党的二十大代表、全国妇联第十二届常委等。

1992年，19岁的薛莹从西飞技校毕业，加入中航西飞国际航空部件厂，成为一名铆装钳工。为了尽快多学知识，成为能独当一面的铆装钳工，师傅们加班到几点，薛莹就跟着学习到几点。勤奋好学的她迅速成长为一名合格的铆装钳工，并以精湛的技能赢得师傅们的信任和欣赏。

工作中的薛莹

2000 年，27 岁的薛莹“晋级”为班长。2004 年波音公司对订购“波音 737-700”飞机垂尾前缘时提出了十分严苛的要求：蒙皮不许有丝毫划痕，更不许打磨，还必须做到用一根大拇指以小于 5 磅的推力就可以使前缘组件上 300 多个孔上下同心。面对这种几乎不可能完成的任务，薛莹带领组员艰难攻关，每天进行繁重的劳动和没日没夜的试验。她们尝试改变铆接顺序，最大限度消除蒙皮应力；不断改变工艺方法，优化加工流程，使蒙皮装配后力量分布均匀、保持一条直线。经过三个多月的辛勤努力，前缘装配终于满足了严苛的要求，波音公司代表伸出大拇指轻轻一推，300 多个孔全部“同心”。

2005 年，薛莹所在的班组被命名为“薛莹班”，这是中航西飞第一个以工人名字命名的班组，承担波音 737-700 垂直尾翼可卸前缘组件的装配任务。薛莹带领全体组员改进操作方法、工艺流程，实行精益制造，坚持简单的事情认真做，把“铆钉精神”发扬到了极致。

从学徒一步一步成长为班长，薛莹明白，学徒最需要的是什么，如何才能快速成长、离航空报国的理想更近。在班组，薛莹毫无保留地传授自己多年来积攒的经验和技巧。从 2005 年刚组建时只有 15 人的小班底到如今 40 余人的大团队，“薛莹班”帮助一批批青年技工走上技能成才、技能报国之路，也因此收获“全国质量信得过班组”“全国工人先锋号”等荣誉。

党的二十大报告提出，必须坚持科技是第一生产力、人才是第一资源、创新是第一动力。对此，薛莹倍感振奋。她说：“任何技术创新的成果，没有技工、技师的参与，都只能停留在图纸和样品阶段，新时代技术工人使命，就是把科学技术转化为现实生产力。”

如今，薛莹和李世峰、黄孟虎等一批在一线成长以来的大国工匠、全国劳模、全国技术能手一起，组建劳模创新工作室，成立“匠客梦工坊”，培育更多的“大国工匠”，让更多的产业工人成为“智慧型工人”，让高技能人才成为企业高质量发展的“中流砥柱”。

**思考：**

1. 薛莹说：“任何技术创新的成果，没有技工、技师的参与，都只能停留在图纸和样品阶段，新时代技术工人使命，就是把科学技术转化为现实生产力。”你如何理解这句话？

2. 薛莹和她的团队有哪些值得我们学习和借鉴的特质？

## 一、新时代呼唤劳模精神、劳动精神、工匠精神

当今世界正经历百年未有之大变局，我国正处于以中国式现代化全面推进中华民族伟大复兴“中国梦”的关键时期。

党的二十大报告指出：深入实施人才强国战略。坚持尊重劳动、尊重知识、尊重人才、尊重创造、实施更加积极、更加开放、更加有效的人才政策。“大国工匠，国家就需要你这样的人。”2021 年 6 月 29 日，北京人民大会堂“七一勋章”颁授现场，习近平总书记的一句话让“好焊工”艾爱国难以忘怀，艾爱国深感习近平总书记和党中央对劳动者的深情关爱。伟大复兴新时代中国经济发展的重要特征，是由高速增长转向高质量发展、从量的扩张转向质的提升。中国经济转型升级，走高质量发展之路，是大势所趋，是形势必需，也是未来出路。

习近平总书记强调：“劳动者素质对一个国家、一个民族发展至关重要。技术工人队伍是支撑中国制造、中国创造的重要基础，对推动经济高质量发展具有重要作用。”党的十八大以来，党和国家十分重视技能人才队伍建设。在新阶段新发展理念的指导下，要推动产业结构转型升级，需要加大对产业工人素质和技能的培养，必须拥有一支宏大的知识型、技能型、创新型劳动者大军，其中应包含一大批敬业奉献、技术精湛、创新创造的高技能人才。从这个意义上讲，立足新发展阶段，贯彻新发展理念，构建新发展格局，推动高质量发展，必须紧紧依靠工人阶级和广大劳动群众，必须大力弘扬劳模精神、劳动精神、工匠精神，为应变局、育新机、开新局、谋复兴提供强大精神动力。

新时代，我们呼唤劳模精神、劳动精神、工匠精神，决不限于物质生产的过程，不仅是对优良传统的传承，而且是为实现中华民族伟大复兴汇聚强大正能量，是为伟大事业擦亮爱岗敬业、争创一流的奋斗底色，高树热爱劳动、崇尚劳动的社会风尚，展现创新引领、追求卓越的时代精神，为中国经济强筋健骨，为中国文化强根固本，为中国力量凝神铸魂。

## 主题阅读

### 点亮时空的“学徒工科学家”

1961 年 12 月，新中国第一盏自主研发的光源——高压汞灯封接成功。1964 年，上海最繁华的南京路上，高压汞灯取代了以前昏黄的老式路灯，南京路终于实现了真正的“灯火通明”。同年，代表着当时电光源领域尖端技术的碘钨灯在复旦大学电光源实验室完成研制；而当时世界上功率最大的 20 千瓦“小太阳”长弧氙灯也在人民广场的点灯仪式上亮起，昭示着这盏被国人称为“争气灯”的光源载入中国科学史册。这些成就的取得，离不开著名的工人科学家、复旦大学教授蔡祖泉先生。

1963 年蔡祖泉（右 1）成功研制出中国第一只高压汞灯

蔡祖泉 1924 年 11 月出生，是我国著名电光源专家，有“中国爱迪生”之称，是中国电光源领域的开拓者。蔡祖泉最初是从一个学徒工走上光源研究道路的。抗日战争时期，年仅 16 岁、只有小学 3 年级文化水平的蔡祖泉就到中法药厂（延安制药厂）玻璃制造车间当学徒，生产玻璃药水瓶，在那里从事了 10 年的玻璃制造工作，并参加了中共地下党。

在复旦，蔡祖泉组建了我国第一个电光源实验室，并负责玻璃和金属铜圈的焊接技术攻关，X光管的玻璃封接和对玻璃真空系统的维护。我国电光源史上第一个氢灯、第一个高压汞灯、第一个碘钨灯、第一个氪灯、第一个长弧氙灯等一系列成果陆续从他手上诞生。1963年，蔡祖泉首次试制成功新闻摄影用的1 200瓦管型卤钨灯，该灯送到首都北京试用后得到周恩来总理的首肯。中国是世界光源的第一大制造和出口国，全世界80%以上的节能灯和一半以上的LED（发光二极管）在中国生产，2015年后中国电光源年产量超过200亿只，蔡祖泉功不可没。

蔡祖泉自始至终将自己的全部心思放在科学研究上，他淡泊名利，是科学战线上的“无产者”。卸任后，蔡祖泉没有歇下来，他仍坚持每年做出一两个专利。蔡祖泉常说，爱迪生到晚年还坚持研究和发明，他也得“能活多久，就工作多久”。

2007年，在蔡祖泉的直接推动下，被誉为光源界“奥林匹克会议”的国际光源科技研讨会第一次在中国召开。会上，国内外企业家、研究人员深入交流，中国电光源力量精彩亮相。蔡祖泉对身边亲人同事说，“我最大的心愿已了。”

2009年，卧病在床的蔡祖泉请学生朱绍龙为自己记录口述遗嘱——头一条：丧事简办，不给大家添麻烦。第二条：将自己积蓄的30万元现金捐给希望工程。当朱绍龙在电脑上输入“回报社会”时，已十分虚弱的蔡老急忙摇头道：“这么小的事情，当不起‘回报’二字，只能算‘略尽心意’。”

这位学界泰斗，终其一生一心为国、刻苦拼搏，照亮了新中国发展的前行道路。“老师一生追逐光芒，天堂的灯，等他点亮。”他的学生们这样说。

**思考：**你如何理解蔡祖泉教授的“能活多久，就工作多久”这句话，在他身上体现了什么精神？

蔡祖泉教授毕生致力于我国照明事业，利用有限条件创造了卓越成就，见证了中国光源事业的逐步崛起。他从一名学徒工自学成才成为大学教授，靠的是坚持不懈的自学和实践。他的一生是呼应时代需要的一生，他把通过自主创新使国家的光源事业强盛作为自己的使命和追求，始终保持着稳健和创新的步伐。蔡祖泉教授的一生生动诠释了什么是劳模精神、劳动精神、工匠精神，这种汇聚的精神已经成为鼓舞全社会、建功新时代、全民族不断奋进的“中国精神”。

党的十八大以来，习近平总书记发表了一系列重要讲话，对劳模精神、劳动精神、工匠精神等内容进行了深刻阐述。2013年4月28日，习近平总书记来到中华全国总工会机关同全国劳动模范代表座谈时，提出“长期以来，广大劳模以高度的主人翁责任感、卓越的劳动创造、忘我的拼搏奉献，谱写出一曲曲可歌可泣的动人赞歌，为全国各族人民树立了光辉的学习榜样”“尽管前进道路并不平坦，改革发展稳定任务仍很艰巨而繁重，但面对未来，我们充满必胜信心。我国工人阶级一定要在坚持中国道路、弘扬中国精神、凝聚中国力量上发挥模范带头作用，万众一心、众志成城，为实现中华民族伟大复兴的中国梦而不懈奋斗”“人民创造历史，劳动开创未来。劳动是推动人类社会进步的根本力量。幸福不会从天而降，梦想不会自动成真。实现我们的奋斗目标，开创我们的美好未来，必须紧紧依靠人民、始终为了人民，必须依靠辛勤劳动、诚实劳动、创造性劳动”“必须大力弘扬劳模精神、发挥劳模作用。榜样的力量是无穷的”，这为新时代弘扬、传承劳模精神、发挥劳模作用提供了根本遵循。

2014 年 4 月 30 日，习近平总书记在乌鲁木齐接见劳动模范和先进工作者、先进人物代表时指出：“一代又一代的劳动模范和先进工作者、先进人物，是我国劳动人民的杰出代表，是祖国和人民的骄傲。你们大家以强烈的主人翁责任感，立足本职，争创一流，集中体现了伟大的时代精神、创业精神、奉献精神，为国家和民族增添了绚丽光彩”“劳动是一切成功的必经之路。当前，全国各族人民正满怀信心为实现‘两个一百年’奋斗目标而努力。实现我们确立的奋斗目标，归根到底要靠辛勤劳动、诚实劳动、科学劳动”“我们要在全社会大力弘扬劳动光荣、知识崇高、人才宝贵、创造伟大的时代新风，促使全体社会成员弘扬劳动精神”“劳动模范和先进工作者、先进人物不仅自己要做好工作，而且要身体力行向全社会传播劳动精神和劳动观念”“广大党员、干部要带头弘扬劳动精神”。习近平总书记首次提出劳动精神，是对广大劳动者的褒奖和激励，是对以人民为中心的发展思想的坚持和发展，对于进一步激发广大劳动者劳动热情，引领新时代奋斗者砥砺前行，产生了重要的推动作用。

2016 年 4 月 26 日，习近平总书记在知识分子、劳动模范、青年代表座谈会上强调：“在工厂车间，就要弘扬‘工匠精神’，精心打磨每一个零部件，生产优质的产品。”这是习近平总书记首次提到工匠精神，对于厚植工匠文化，崇尚精益求精，完善激励机制，产生了重要而深远的影响。

在新的历史起点上，加快经济发展方式转变、发展中国特色社会主义事业、实现中华民族伟大复兴，是新时代赋予中华民族的光荣与梦想、责任与使命。劳模精神、劳动精神、工匠精神孕育出的全国劳模、大国工匠，以及高素质的劳动者大军，是我国在各个历史时期取得重大成就所依靠的力量，也是新时代建设社会主义现代化强国的中流砥柱。

## 二、劳模精神、劳动精神、工匠精神的内在关系

劳模精神、劳动精神、工匠精神相互联系，相互支撑。从主体来看，劳模精神的主体是劳模群体，劳动精神的主体是普通劳动者群体，工匠精神的主体是拥有专业特长和一技之能的技能人才群体。从功能来看，劳模精神是示范和引领，体现了全体劳动者对社会主义国家主人翁身份的认同，对劳动光荣、劳动伟大的充分尊重和认可；劳动精神是基础和根基，激发广大劳动者辛勤劳动、诚实劳动、创造性劳动，真正让劳动最光荣、劳动最崇高、劳动最伟大、劳动最美丽蔚然成风，让劳动者成为社会最受尊敬的人；工匠精神致力于传承和创新的结合，培养具备“懂技术、会创新”的专业劳动素养的劳动者，激励更多劳动者学技能、钻研技能。

劳模精神是劳动模范所具备的精神，能够对全社会起到示范引领作用。劳动精神是劳模精神、工匠精神的基础，无论是劳模精神还是工匠精神，都来源于劳动精神；劳模精神和工匠精神，从本质来说也是一种劳动精神，每一位劳动者都应该具备劳动精神。工匠精神注重追求极致、致知力行、自我超越，是对劳动精神的升华。三种精神相互侧重且一脉相承。大力弘扬劳模精神、劳动精神、工匠精神的目的就是让每一个人都热爱劳动，脚踏实地，努力奋斗，成为更加优秀的劳动者，创造美好生活，推动经济社会发展。

**主题阅读**

### 一辈子就干“治沙”一件事的“七一勋章”获得者

1952 年，石光银出生在毛乌素沙漠南缘的定边县海子梁乡。童年时代，一场场风沙常常埋没了庄稼、房屋，“沙都到了房梁上”。在他记忆里，风沙带来的苦难和贫困，迫使自己家前前后后搬迁过 9 次。

1984 年，国家鼓励个人承包治沙，32 岁的石光银辞掉乡农场场长的“铁饭碗”，成立起全国第一个“联合农户治沙”的农民治沙公司。“乡亲们祖祖辈辈受风沙的害！住在这地方，要想过上好日子，就要治住沙！”石光银承包了 3 000 亩





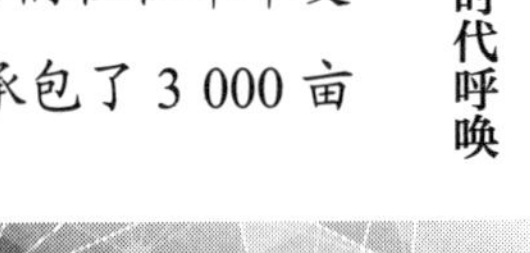

（1 亩≈ 666.67 平方米）荒沙地，成为榆林地区承包治沙的“第一人”。

为了治沙，他举家搬到了风沙最大的四大号村，带领 7 家农户一头扎进了茫茫大荒漠。石光银带领男女老少齐上阵，在荒沙地栽上了旱柳、沙柳和杨树，3 000 亩荒沙变成绿洲。坚定了治沙决心的石光银，再次承包 5.8 万亩荒沙地。这片荒沙中，难度最大的就是特大沙梁——狼窝沙。地形复杂、环境恶劣的狼窝沙，夏季地表温度 60 多摄氏度、冬季却低到零下 40 多摄氏度。要在这里把树栽活，难度可想而知。

石光银成立了新兴林牧场，把股份制引入治沙中，户户有股、按股分红，激发了大家的积极性。1986 年，石光银带领乡亲们拉开了“大战狼窝沙”的序幕。那些日子，吃的是被风吹得又干又硬的玉米馍，喝的是沙坑里澄出来的沙糊糊水，住的是柳条和塑料布搭的庵子。风吹、日晒、沙烤，大家的脸被晒得黢黑，嘴上起火泡，眼里布满血丝。然而，这一年刮了 10 多次六级以上大风，栽上的树苗 90% 被毁，所有付出打了水漂。意识到“治沙不能蛮干，也要讲高科技”的石光银到榆林、横山等地学习治沙经验。1988 年春，他带领乡亲们第三次奋战狼窝沙，采用学来的“障蔽治沙法”，终于取得胜利，80% 的树木活了下来！

30 多年的治沙历程中，石光银带领大家历尽千辛万苦，在承包的 25 万亩荒沙、碱滩上种活了 5 300 多万株乔灌木，营造了一条长达百余里的绿色长城，彻底改变了“沙进人退”的恶劣环境。

石光银在狼窝沙

为了治沙事业持续健康发展，也为了让百姓脱贫致富，石光银探索出了“公司＋农户＋基地”、治沙与致富相结合的发展模式。依托林草资源发展畜牧产业，他先后办起了牧场、安全饲料加工厂、育苗基地等经济实体，带动当地农民人均收入从几百元跃升至3万元。不仅如此，石光银还将白于山区最贫困的50户272人迁出大山，成立十里沙行政新村。

石光银先后获得全国劳动模范、全国治沙英雄、世界杰出林农奖等60多项荣誉。“我这辈子就干一件事，就是治住沙子，让老百姓过上好日子！”这是石光银最常说的一句话，也是他治沙30多年始终坚守的信念。

**思考：**从石光银的故事中，你从他和他所带领的群众身上得到了什么启示？

正是因为有以石光银为代表的一大批治沙人不忘初心、艰苦奋斗、实干巧干，使得今日的定边县毛乌素风沙草滩区，早已成为沃野良田遍布的“塞上粮仓”。石光银曾说：“有生之年，我要继续干、好好干、干到底，生命不息，治沙不止！”石光银身先士卒、带领大家一起干，是带头人，更是楷模，体现的是劳模精神；乡亲们“大战狼窝沙”，一起与沙斗，体现的是劳动精神；“我这辈子就干一件事，就是治住沙子，让老百姓过上好日子！”“治沙不能蛮干，也要讲高科技”，体现的是工匠精神。如今，在推进生态文明发展和乡村振兴的时代大潮中，石光银以无私奉献、精益求精、勇于创新的品质，践行着共产党员、治沙楷模的责任与担当。

## 三、劳模精神、劳动精神、工匠精神的精神内涵

2020年11月24日，习近平总书记在全国劳动模范和先进工作者表彰大会上发表重要讲话强调，大力弘扬劳模精神、劳动精神、工匠精神。“不惰者，众善之师也。”在长期实践中，我们培育形成了爱岗敬业、争创一流、艰苦奋斗、勇于创新、淡泊名利、甘于奉献的劳模精神，崇尚劳动、热爱劳动、辛勤劳动、诚实劳动的劳动精神，执着专注、精益求精、一丝不苟、追求卓越的工匠精神。劳模精神、劳动精神、工匠精神是以爱国主义为核心的民族精神和以改革创新为核心的时代精神的生动体现，是鼓舞全党全国各族人民风雨无阻、勇敢前进的强大精神动力。习近平总书记对劳模精神、劳动精神、工匠精神的内涵进行了科学、深刻的概括，进一步丰富了马克思主义劳动学说，鲜明体现了我们党与时俱进的理论品格。

劳模精神、劳动精神、工匠精神是党依靠劳动人民谋复兴的重要纽带。人民





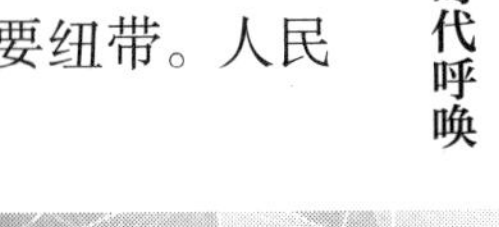

群众通过劳动创造历史、开拓未来，实践劳模精神、劳动精神、工匠精神的劳动者是社会主义事业最坚实的支撑力量，在党领导人民群众不懈奋斗的百年历程中，广大人民群众始终紧跟党的前进步伐，以扎实的劳动、卓越的成果为社会主义的建立、建设保驾护航。劳模精神、劳动精神、工匠精神是党为人民谋幸福的精神传达。在中国特色社会主义社会中，劳动人民是国家的主人，党将实现好、维护好、发展好广大劳动人民的根本利益作为工作的重点。

习近平总书记把劳模精神总结为“爱岗敬业、争创一流、艰苦奋斗、勇于创新、淡泊名利、甘于奉献”，为我们科学理解和大力弘扬劳模精神提供了正确指引。“爱岗敬业、争创一流”是劳模的奋斗目标；“艰苦奋斗、勇于创新”展现出劳模的精神风貌；“淡泊名利、甘于奉献”体现了劳模的思想境界。这三个方面相辅相成，互为补充。没有劳模的“艰苦奋斗、勇于创新”的精神风貌，就难以实现他们“爱岗敬业、争创一流”的奋斗目标；没有“淡泊名利、甘于奉献”的思想境界，就不能很好地体现“艰苦奋斗、勇于创新”的精神风貌。

### 主题阅读

## 50 多万个零部件都要干成精品

郭锐，党的二十大代表，第十三届全国人大代表，中车青岛四方机车车辆股份有限公司钳工首席技师、中车首席技能专家。

作为中国高铁工人，他见证了“复兴号”的每一步创新实践。从“和谐号”到“复兴号”，郭锐和他所在的团队为 1 600 多列高速动车组装配转向架。如今，这些列车已经安全运行超过 40 亿千米。

“爷爷辈造蒸汽机车，父辈造绿皮车，我造高速动车组。”一家三代都是铁路人的郭锐，1997 年从技校毕业后，进入中车四方工作。“第一次接触高铁装配，是在 2006 年。”那时，公司开始制造时速 200 千米的高速动车组。组装转向架的重任落到了郭锐团队的肩上。

“转向架，就是高铁的‘腿’。高铁跑得又快又稳，全靠转向架和它的零部件。”郭锐说，转向架装配部件有上千个，装配尺寸数据记录有上万条，装配精度更是以微米计算。当时，国内在动车组转向架装配领域的研究刚刚起步。为了摸清原理，郭锐和同事以厂为家，通宵达旦搞试验。没有操作手册，就从零起步。

郭锐参加中国共产党第二十次全国代表大会

他们用 54 天时间查阅资料，资料垒起来有 2 米多高。资料搜集完成后，再学习、消化、吸收，郭锐记细节，同事记步骤，笔记有 10 多万字。历时两个多月，郭锐终于带领团队成功攻克 10 余项制造技术难题，其中，他独创的“四点等高支撑调整先进操作法”开创行业先河，有力保障了我国首批动车组上线。

2014 年，时速 350 千米的“复兴号”中国标准动车组进入试制的关键阶段，郭锐又接到了“复兴号”转向架的装配任务。由于“复兴号”转向架采用全新轴箱体设计，装配精度要求控制在 0.04 毫米之内，难度极大。接到攻关任务后，郭锐带领团队泡在生产车间，连续一周白天夜晚连轴转，制定了 90 种装配方案，经过上千次反复验证，最终找出了最佳装配方案，解决了制约“复兴号”转向架制造的难题。

“复兴号动车组上有 50 多万个零部件，每一个零部件，都要干成精品。”郭锐说。2021 年 6 月 22 日，第十五届高技能人才表彰大会举行。郭锐的履历中又新增了一项国家级荣誉，他成为素有“工人院士”之称的“中华技能大奖”奖项获得者。这位国内高速列车转向架装配技术的带头人，再次凭借自己的专业、敬业获得了社会认可。

2022 年，郭锐以全国劳模的身份到中国劳动关系学院学习，在他看来，这是党对劳模群体的一种褒奖，更是对劳模群体做出新贡献、建功新时代的一种肯定。“我们技能人才赶上了好时代，一个培养和造就高素质技术工人的‘新时代’。”郭锐说。

**思考：**你如何理解郭锐说的“复兴号动车组上有 50 多万个零部件，每一个零部件，都要干成精品”这句话？

“为祖国造最好的车”是郭锐一生追求和奋斗的目标。作为中国第一代高铁工人，郭锐勤学苦练，深入钻研，不断鞭策自己、提升自己，以怀“匠心”、守“匠情”、践“匠行”的责任担当，在项目攻关、技术创新、人才培养等方面发挥模范引领作用，为推进企业高质量发展贡献着自己的力量。

关于劳动精神，习近平总书记指出：“人世间的一切幸福都需要靠辛勤的劳动来创造。我们的责任，就是要团结带领全党全国各族人民，继续解放思想，坚持改革开放，不断解放和发展生产力，努力解决群众的生产生活困难，坚定不移走共同富裕的道路”“必须坚持崇尚劳动、造福劳动者。劳动是财富的源泉，也是幸福的源泉。人世间的美好梦想，只有通过诚实劳动才能实现；发展中的各种难题，只有通过诚实劳动才能破解；生命里的一切辉煌，只有通过诚实劳动才能铸就。劳动创造了中华民族，造就了中华民族的辉煌历史，也必将创造出中华民族的光明未来”。劳动精神的基本内涵主要包括崇尚劳动、热爱劳动、辛勤劳动、诚实劳动。随着时代的发展，它的内涵不断丰富，呈现“尊重劳动、劳动平等”的价值导向性，倡导“劳动创造”的实践创新性，强调“劳动神圣、劳动光荣”的精神幸福性。崇尚劳动、热爱劳动是培养正确的劳动态度，奉行“劳动光荣、劳动伟大”的认知，尊重一切劳动价值，激发劳动热情；辛勤劳动是要充分遵循劳动的客观规律以及要达到的劳动强度，是诚实劳动的条件与基础；诚实劳动是指在法律法规范围内自觉践行职业道德规范，严格工作标准，坚持初心、恪尽职守。

## 主题阅读

### “绕地球行驶 35 圈”的雪线邮差

四川省甘孜藏族自治州境内有一条全长 604 千米、平均海拔 3 500 米以上的雪线邮路，这条线路地理环境艰苦、气候条件恶劣、交通运输状况差，甘孜邮政分公司的藏族邮运驾驶员其美多吉，在这条雪线邮路上默默奉献了 30 多年。其美多吉的行车路线要途经“川藏第一险”——雀儿山垭口。“最危险的路段就是从甘孜到德格，尤其是雀儿山，夏天的时候要行驶 6～8 小时，冬季从 10 月到次年 5 月，整个山上都是风雪路面，刚上山可能是大太阳，到了山顶就不一定了。”

雀儿山垭口海拔 5 050 米，是四川最高的公路垭口。对道路不熟悉或技术不过硬的司机，根本应付不了这里的路况。在其美多吉看来，有“川藏第一高、川藏第一险”之称的雀儿山荒凉孤寂，自己驾驶着邮车送来的家书和外面的讯息，对常年驻守的道班工人们来说就是最温暖的慰藉。

2017 年雀儿山隧道通车前，其美多吉每月要在这条路上往返很多次，每一次加速、换挡、转向，都如同与死神博弈。几十年来，他行驶的总里程足以绕地球 35 圈，他说："就像歌手到了舞台上，才会找到灵感和激情，我也只有到了邮车上，行驶在路上，才有这种幸福和快乐的感觉。"

藏族邮运驾驶员其美多吉

**思考：**你如何理解"我也只有到了邮车上，行驶在路上，才有这种幸福和快乐的感觉"？

30 多载坚守高原天堑，雪域高原上孤独前行的美丽信使。"这份工作培养了我，我就要对得起这份工作！"其美多吉没有豪言壮语，但他的话既朴实又坚定。其美多吉的故事告诉我们：劳动不仅能给世界带来美好，也会成就劳动者精彩的人生。

习近平总书记曾对我国技能选手在第 45 届世界技能大赛上取得佳绩作出重要指示，要在全社会弘扬精益求精的工匠精神，激励广大青年走技能成才、技能报国之路。以创新引领实体经济转型升级，全面提升质量水平，要大力弘扬工匠精神，厚植工匠文化，恪尽职业操守，崇尚精益求精，完善激励机制，培育众多"中国工匠"，打造更多享誉世界的"中国品牌"，推动中国经济发展进入质量时代。工匠精神的基本内涵主要包括执着专注、精益求精、一丝不苟、追求卓越。其中，"执着专注"是精神状态，专于其心，心无旁骛；"精益求精"是品质追求，不断改进，永不止步；"一丝不苟"是职业态度，用心琢磨、态度严谨；"追求卓越"是信念追求，自我超越，不断突破。在我国，工匠精神源远流长，从古代的鲁班雕木成凰、庖丁解牛，到新中国成立后的大庆精神、“两弹一星”精神、载人航天精神等，都是工匠精神在不同历史时期的生动体现。工匠精神不仅要求我们“能干会干”，还要“精干巧干”，树匠心、育匠人、出精品，大力弘扬工匠精神，为推进中国制造的“品质革命”提供了源源不断的动力。

## 主题阅读

### 从农民工到全国技能大师的新时代工匠

游弋是河南能源化工集团下属河南龙宇能源股份有限公司车集煤矿矿井维修电工，高级技师，曾获得全国劳动模范、全国技术能手、全国五一劳动奖章、全国煤炭行业技能大师、全国职工职业道德标兵个人等荣誉称号，是国家级技能大师工作室带头人，享受国务院政府特殊津贴。

从一个仅具有初中文化的普通劳务工成长为全国煤炭行业技能大师，游弋始终扎根生产一线，不断深化和发展煤矿工人特别能战斗的精神内涵，潜心钻研，致力创新，围绕矿井减人提效和安全生产，在矿井提升系统改造和煤矿专用工具设计等方面，先后获得多项国家专利，完成创新成果百余项，部分成果填补国内空白。

参加工作之初，面对企业主井成套设备从德国进口，说明书均为英文和德文的情况，游弋虚心请教、刻苦钻研，努力提升技能，利用半年的时间吃透了上百张外文电路图纸，成为企业第一个玩转洋设备的“本土专家”。

2016年，主井进口交流同步电动机磁极绕组需要更换，磁极绕组质量大，与磁极座配合精密，磁极绕组拆装是一项复杂而又细致的工作。以往拆装磁极

游弋在钻研技术

绕组时，都是靠人工借助于起重机和手拉葫芦相配合的方式进行，不但耗时费力，而且因作业空间狭小，稍有不慎，就会发生磁极绕组损坏甚至造成人身伤害事故。为彻底解决这一难题，游弋自我加压，独立设计出一套拆装专用工具，将推拉磁极绕组的移动精度控制在毫米以内，施工人员由20人减少到6人，时间由10个小时拆装一个减少到4.5小时拆装2个，拆装效率提高10倍以上，并且彻底消除了拆装过程中潜在的安全隐患，保证了拆装安全。

游弋立足岗位需求，把企业安全生产的难点、提质增效的重点、节支增收的关键点，作为技术创新的出发点、着力点和落脚点，扎实开展创新创效，先后完成了永磁开关故障全自动诊断和切换技术、新型皮带跑偏开关、近距离爆破防护装置、主井装载站装煤系统技术改造等重大应用型创新项目，为企业创造了巨大的经济效益。仅永磁开关故障全自动诊断和切换技术应用一项，使系统能够在10秒内发现故障并自动切换，实现提升系统持续全自动运行，每年增收就达200余万元。

**思考：**结合自己的工作岗位，你认为一名优秀的新时代技能人才应具备哪些素养？

游弋继承了“矿工精神”，发展了新时代工匠精神。游弋的成长经历，浓缩了新时代高素质新型技能人才的成长之路、攀登之路。他的不懈追求和突出贡献，唱响了新时代奋斗者之歌。

## 四、劳模精神、劳动精神、工匠精神的时代价值

人民创造历史，劳动开创未来。全面建设富强、民主、文明、和谐、美丽的社会主义现代化强国，根本上要靠全国各族人民辛勤劳动、诚实劳动、创造性劳动来实现。新时代，我们更应弘扬劳模精神、劳动精神、工匠精神。

### （一）为实现中华民族伟大复兴中国梦提供精神动力

2012年11月29日，习近平总书记在参观《复兴之路》展览时首次提出“中国梦”。“中国梦”是习近平治国理政思想乃至习近平新时代中国特色社会主义思想的重要组成部分。“中国梦”的目标是实现中华民族的伟大复兴，内涵为国家富强、民族振兴和人民幸福。习近平总书记指出：“今天，我们比历史上任何时期都更接近、更有信心和能力实现中华民族伟大复兴的目标。”当前，我国正在新的历史起点上向前迈进，广大劳动者正坚定不移贯彻新发展理念，奋力谱写中国特色





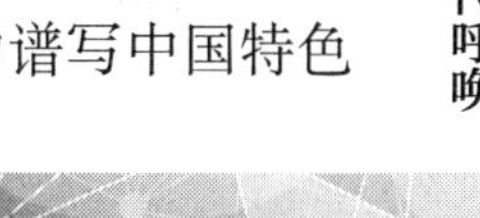

社会主义伟大事业的新篇章。一切美好梦想的实现，需要强大的精神激励，需要付出不懈的艰苦努力，劳模精神、劳动精神、工匠精神是民族精神和时代精神的重要内容。2018年12月召开的庆祝改革开放40周年大会授予的100名“改革先锋”，就是我国亿万劳动者的杰出代表。他们中不仅有优秀的科学家、优秀的企业家，更有优秀的工人代表，譬如巨晓林、郭明义、许振超等。这些“改革先锋”特别是其中的工人代表是实现中华民族伟大复兴中国梦的“脊梁”，他们身上体现的劳模精神、劳动精神、工匠精神为实现中华民族伟大复兴的中国梦提供了无穷的精神动力。

## 主题阅读

### 以“渐冻之躯”铸起战“疫”铜墙铁壁

2019年年底，一场突如其来的不明原因肺炎疫情在湖北武汉肆虐开来。12月29日，首批患者转入武汉市金银潭医院，这家传染病专科医院一时间成为“离炮火最近的战场”。

面对人类未知病毒，时任金银潭医院院长的张定宇感到了前所未有的挑战。医院门口排着渴望被救治的长队，医院内医疗物资告急，连轴转的医护人员也都累得精疲力竭。“还要继续收病人吗？”张定宇的心里做着激烈的斗争。

“多收治一个病人，就是多帮助一个家庭。”他下定决心，“作为一名共产党员、医院院长、一名医生，无论哪个身份，在这危急时刻，都没理由后退半步，必须坚决冲上去！”

这一冲便很难停下来。迅速隔离病患、开辟专门病区、完成清洁消毒、紧急调配设备物资人员……那段时间，张定宇每天都要忙到凌晨，好几个夜晚，凌晨两点刚躺下，四五点又起来继续工作。

就在他日夜忙碌在抗疫一线时，同为医务人员的妻子程琳确诊，在另一家医院的重症监护病房治疗。铮铮铁汉因没顾得上妻子的安危，眼泪忍不住往下淌：“很内疚，我也许是好医生，但不是好丈夫。”

在与病毒较量的同时，张定宇还要与自己身体的病痛斗争。早在2018年，他确诊患上渐冻症，双腿萎缩。高强度的工作让他的身体亮起了红灯，他踩着高低不平的脚步、拖着“渐冻”之躯在医院来回穿梭，有几次差一点摔倒。

“搞快点，搞快点，这个事情一哈（一下）都等不得，马上就搞！”即便腿脚不利索，张定宇还是忍着疼痛靠前指挥。在这场抗疫之中，他率领金银潭医院600多名医护，在援鄂医疗队的帮助下，救治2 800余名患者，其中不少为重症、危重症患者。“身体状况都这样了，为何还这么拼？”面对别人的不解，张定宇回应：“我必须跑得更快，才能跑赢时间，把重要的事情做完。”

张定宇获得“人民英雄”国家荣誉称号

因为在疫情防控中的突出贡献，2020年9月，在全国抗击新型冠状病毒肺炎疫情表彰大会上，张定宇被授予“人民英雄”勋章；2021年2月，身患绝症坚守抗疫一线的他入选“感动中国2020年度人物”。

**思考：**你如何理解张定宇所说的“无论哪个身份，在这危急时刻，都没理由后退半步，必须坚决冲上去”这句话？

“2020年度感动中国”颁奖辞中这样写道：“步履蹒跚与时间赛跑，只想为患者多赢一秒；身患绝症与新冠周旋，顾不上亲人已经沦陷。这一战，你矗立在死神和患者之间；那一晚，歌声飘荡在城市上空，我们用血肉筑成新的长城。”张定宇勇于担当，无私奉献，恪尽职守，在新型冠状病毒肺炎疫情阻击战中冲锋在前，身先士卒，他的事迹深刻诠释了什么是当代劳模精神。

### （二）为践行社会主义核心价值观积极增添精神内涵

党的二十大报告中指出：“社会主义核心价值观是凝聚人心、汇聚民力的强大力量。”社会主义核心价值观倡导富强、民主、文明、和谐，倡导自由、平等、公正、法治，倡导爱国、敬业、诚信、友善。社会主义核心价值观以培养担当民族复兴大任的时代新人为着眼点，强化教育引导、实践养成、制度保障。劳模精神、劳动精神、工匠精神与社会主义核心价值观内在相通，是社会主义核心价值观在劳动者身上的具体体现，是当代中国精神的重要组成部分。弘扬劳模精神、劳动精神、工匠精神，就是在搭建传递社会主义核心价值体系的平台，形成有利于培育和践行社会主义核心价值观的社会氛围，引导广大劳动者自我教育、自我提升。先后荣获全国五一劳动奖章、“感动交通”年度人物的青岛真情巴士集团驾驶员于义睦，从业20多年，凭借干一行爱一行、专一行精一行的劳模精神，安全行车超过100万千米，保持服务零投诉；坚持同步人工报站，待乘客如家人；手机中有近2 000位乘客的联系方式。他为吵架夫妻劝过架，陪孤寡老人去过医院，给空巢老人修过水管……从萍水相逢到亲如挚友，他用20多年的无私奉献展现了一位普通公交驾驶员的强大魅力。于义睦之所以能够获得市民乘客的认可，一个重要原因就在于他自觉遵循并践行了社会主义核心价值观。新时期，劳模精神、劳动精神、工匠精神已经成为引领新时代的价值取向，能够最大限度地凝聚广大劳动者共同践行社会主义核心价值观。

### （三）为推进技能人才队伍建设和改革注入精神力量

新时代，我国经济已由高速增长阶段转向高质量发展阶段。技能型劳动者的数量和质量是增强高质量发展阶段竞争力的重要因素。技能人才是支撑中国制造、中国创造的重要力量，加强高技能人才队伍建设，对巩固和发展工人阶级先进性，增强国家核心竞争力和科技创新能力，推动高质量发展具有重要意义。为此，中共中央办公厅、国务院办公厅印发了《关于加强新时代高技能人才队伍建设的意见》，进一步明确“大力弘扬劳模精神、劳动精神、工匠精神”“打造一支爱党报国、敬业奉献、技艺精湛、素质优良、规模宏大、结构合理的高技能人才队伍”的指导思想。因此，大力弘扬劳模精神、劳动精神、工匠精神，是向全社会传递出劳动最光荣、劳动最崇高、劳动最伟大、劳动最美丽的价值观和社会风尚；是助力技能劳动者获取高水平的职业技能，建立职业认同感，构建技能形成体系，为实现高质量经济发展目标打造坚实有力的根基。

## 主题阅读

### 世界技能大赛知多少

世界技能大赛是最高层级的世界性职业技能赛事，由世界技能组织举办，每两年举办一次，被誉为“世界技能奥林匹克”，是世界技能组织成员展示和交流职业技能的重要平台。

**世界技能大赛比什么？**

“技能竞赛项目”包括运输与物流、结构与建筑技术、制造与工程技术、信息与通信技术、创意艺术与时尚、社会与个人服务六大类数十种职业技能。

**谁能参赛？**

年轻人担当主角，绝大多数参赛选手年龄在大赛当年不得超过22周岁。信息网络布线、机电一体化、制造团队挑战赛和飞机维修4个项目参赛选手年龄不得超过25周岁。

中国代表团在第45届世界技能大赛开幕式上出场

**奖项怎么设置？**

正式项目中排名前三的选手原则上分别获得金、银、铜牌，可并列获奖。“阿尔伯特·维达大奖”用于奖励每届大赛中获得所有参赛项目最高分的选手。

**中国历次获奖情况？**

截至2022年，中国已参加6届大赛，累计获得57枚金牌、32枚银牌、24枚铜牌和63个优胜奖。在2017年第44届阿布扎比世界技能大赛上，中国选手获得“阿尔伯特·维达大奖”。在2022世界技能大赛特别赛上，中国代表团在参加的34个项目上共获得21枚金牌、3枚银牌、4枚铜牌和5个优胜奖，金牌榜名列第一。

**思考：**你认为新时代劳动者拥有“一技之长”的重要性是什么？

### （四）为培育社会主义建设者和接班人筑牢精神基础

2018年9月，在全国教育大会上，习近平总书记强调，培养德智体美劳全面发展的社会主义建设者和接班人。习近平总书记提出，要在学生中弘扬劳动精神，教育引导学生崇尚劳动、尊重劳动，懂得劳动最光荣、劳动最崇高、劳动最伟大、劳动最美丽的道理。新时代弘扬劳模精神、劳动精神、工匠精神，是构建德智体美劳全面培养的教育体系的必然要求。在“德智体美劳”全面发展的素质结构中，“劳”能促进培养青年人树立正确的劳动态度、劳动习惯，发挥以劳立德、以劳培智、以劳健体、以劳育美的重要作用。加强劳动教育，培育青年人深厚的劳动情怀，培养辛勤劳动、诚实劳动、创造性劳动的精神品质，使其增长才干、磨炼意志、刻苦钻研，才能实践“技能成就梦想”的响亮口号，从而为实现中华民族伟大复兴的中国梦筑牢精神基础。

## 即学即用

1. 请结合你的理解回答新时代为什么需要弘扬劳模精神、劳动精神、工匠精神。

2. 选择一名你所在企业中的优秀工作者或者劳动模范作为自己的榜样，深入了解他（她）身上有什么值得学习的劳模精神、劳动精神、工匠精神，讲出他（她）的故事，并说出你的感悟。

3. 阅读下面的故事，思考并回答问题。

他能把零件打磨出相当于1/25头发丝直径的精度，他想做中国最好的钳工。他就是中国航空工业集团沈阳飞机工业（集团）有限公司首席技能专家方文墨。

沈飞高级技工学校是方文墨的梦想初始地。那年，焊钳专业班考试成绩第一名的他，却被分配到与飞机制造毫无关系的一家烟草机械厂。眼看造飞机的梦想即将破碎，方文墨信心受挫。

没想到工作3个月后，烟草机械厂开始转型，承揽沈飞产品制造任务。方文墨重燃斗志，决心抓住这次难得的机会。他每天上班都是第一个来、最后一个走，铆在车间里拜师学艺、苦练技术。

方文墨身高1米88，与钳工标准操作台的高度很不匹配，不少师傅认为这样的身高不可能成为优秀钳工。方文墨偏不信，他把家里的阳台改造成工作室，下班一回家就开始埋头苦练。为练就一手绝活，方文墨找来火柴盒大小的零件进行加工，每个零件表面锉削 30 次才能达到尺寸精度要求。“那时候，我像不知疲倦的机器人。”方文墨说。

方文墨持之以恒的努力换来了工匠人生的第一个荣誉——2010 年，26 岁的方文墨在全国青年职业技能大赛上夺得钳工冠军。之后，方文墨被沈飞所属的某分厂作为特殊人才引进。方文墨格外珍惜机会，努力提升操作技术能力。在很多人看来，钳工岗位枯燥乏味。但在方文墨眼中，钳工岗位是一个充满艺术灵感和生命活力的世界，通过打磨、加工，会赋予冰冷的零件以温度与情感。

教科书上手工锉削精度的极限是 0.01 毫米，而方文墨的加工精度能达到 0.003 毫米，相当于头发丝直径的 1/25。在沈飞，也被称为“文墨精度”。

这样的精度，是如何做到的？

方文墨笑着说：“精密加工过程，是靠着平时的勤学苦练，掌握一定的肌肉记忆后才能完成的，我们把这项技能叫做‘人刀合一’。”钳工好比武术中的剑客，“站桩”练习漫长而辛苦。为了练就精湛技艺，方文墨几乎把所有时间都拿来“练功”。

方文墨常说：“把产品当做工艺品去对待，把职业当作事业去看待，把身边的小事做好，做到极致，每个人都会成为大国工匠。”

高精度、高质量、高效率——方文墨将此视作自己“一手托着国家的财产，一手托着战友的生命”的责任体现。从 0.1 毫米、0.05 毫米，再到 0.02 毫米、0.003 毫米，方文墨在方寸间不断缩小零件加工误差的刻度，不断磨砺、提升作为航空蓝领青年的人生精度与执着追求。

问题 1：方文墨是如何打造出“文墨精度”的？你从中得到哪些启示？

问题 2：你怎样看待方文墨要做“中国最好的钳工”的理想？如果将此作为你的理想，你准备怎么做？

# 第2章 劳模精神

1. 了解劳模精神的形成发展和时代价值。
2. 掌握劳模精神的内涵。
3. 掌握践行劳模精神的原则和方法。

**学习导读**

## 弘扬劳模精神　实干成就伟业

劳动创造幸福，实干成就伟业。2022年“五一”期间，广大劳动群众大力弘扬劳模精神，鼓足干劲、无私奉献，用热心服务和辛勤劳动，谱写新时代的劳动者之歌。

**爱岗敬业　争创一流**

工作50多年来，靠一把焊枪，艾爱国赢得无数“军功章”：全国劳动模范、全国技术能手、国家科技进步奖……2021年，又获得“七一勋章”的殊荣。“当工人就要当个好工人”，这是艾爱国的职业信条。他在参加湖南省湘潭市庆祝五一国际劳动节劳模工匠座谈会的间隙，仍不忘电话指导徒弟实施不锈钢管道焊接攻关项目。

江苏无锡微研有限公司精密加工车间内，机器运转，火花微闪。加工中心班组班长，全国劳动模范陈亮正全神贯注地进行操作。几小时后，一台表面光滑、形状方正的模具出现在数控机床上，凸模表面尺寸与设计图纸分毫不差，可立即用于生产冲压件。“保持领跑的关键，在于争创一流。”陈亮说。

**艰苦奋斗　勇于创新**

在湖北省京山市宋河镇的深山，离地面80多米的特高压输电线上，国网湖北超高压公司输电检修中心带电作业二班班长胡洪炜正在作业。遇到连接处，他都会停下来认真检查，确认没有问题后便在随身携带的表格上打钩。“干这行，不能怕吃苦。”胡洪炜说，最多的时候，他半年穿坏了14双工作鞋、磨破了7套工作服。“我们要发扬劳模精神，守护好万家灯火。”

刘丽是中国石油大庆油田有限责任公司第二采油厂第六作业区采油48队采油班班长，她一有空就掏出随身携带的图纸和铅笔，研究生产中的难题。“近期生产过程中发现，注聚井井口过滤器内部滤网经常堵塞、变形，必须尽快找到新办法解决问题。”刘丽说。坚持每天围绕生产难题思考和创新，已成为她的习惯。当代工人不仅要有力量，还要有智慧、有技术，能发明、会创新。

**淡泊名利　甘于奉献**

竺士杰是宁波舟山港北仑第三集装箱码头有限公司桥吊班大班长，刚指导完员工桥吊操作，他又马不停蹄地赶回工作室，伏案总结宁波舟山港首台“岸桥远控模拟系统”的操作经验和要点，“师傅经常说，荣誉是肯定更是责任，要淡泊名利，发挥好技能特长，帮助更多人提高本领。”竺士杰的徒弟郑恒亮说。

裹着厚衣服，开上巡逻车，青海省公安厅森林警察总队可可西里森林公安局四级高级警长赵新录像往常一样巡护着这片海拔4 600多米的荒野。“只有时不时看一看，心里才能踏实。”这位在可可西里坚守了26年的老警官语气平和。

**思考：**从2022年五一劳动节期间劳模的群像中，你感受到的劳模精神是什么？

# 2.1 回溯劳模精神

## 一、劳模和劳模精神

“劳模”是指党和国家在各个历史时期选拔出来的为社会主义建设事业做出重大贡献的劳动者们，并被授予“劳动模范”荣誉称号。

习近平总书记指出：“在我们党团结带领人民进行革命、建设、改革各个历史时期，劳动模范始终是我国工人阶级中一个闪光的群体，享有崇高声誉，备受人民尊敬”“劳动模范是劳动群众的杰出代表，是最美的劳动者”“劳动模范身上体现的‘爱岗敬业、争创一流，艰苦奋斗、勇于创新，淡泊名利、甘于奉献’的劳模精神，是伟大时代精神的生动体现”“劳动模范是民族的精英、人民的楷模，是共和国的功臣”“劳动最光荣、劳动最崇高、劳动最伟大、劳动最美丽。全社会都应该尊敬劳动模范、弘扬劳模精神，让诚实劳动、勤勉工作蔚然成风”。

劳模是劳模精神的载体和创造者。劳模精神根植于中国共产党领导人民不懈奋斗的伟大实践当中，是以党和国家选拔出来的劳动模范身上所体现的先进思想及优秀品质为主要内容，随着时代变迁不断丰富发展所凝练出的一种精神力量，是对中华优秀文化和伟大民族精神的生动诠释，是我国进入新的历史时期时代精神的重要组成部分。劳模精神激励着我国一代又一代劳动者坚守信念，踏实肯干，追求梦想，勇攀高峰。

**主题阅读**

### 我国多种类型的劳动表彰

近年来，我国对优秀劳动者的表彰体系日益完善，逐步形成了多领域、多渠道的表彰制度。表彰对象的范围上，既有对优秀劳动者个人的表彰，也有对先进劳动集体的褒奖。同时，各荣誉称号是不同机构根据不同标准评选产生的，面向不同行业、不同领域，各有侧重。

“全国劳动模范”“全国先进工作者”荣誉称号由中共中央、国务院授予，表彰在社会主义建设事业中做出重大贡献者。全国劳模的评选表彰工作每5年一次。“全国劳动模范”授予企业职工、农民和其他社会主义建设者，“全国先进工作者”授予机关和事业单位职工。

全国劳动模范奖章

“全国五一劳动奖”包括“全国五一劳动奖状”和“全国五一劳动奖章”。“全国五一劳动奖状”是中华全国总工会设立的授予先进集体的荣誉称号，授予对象范围包括在我国境内依法注册或登记的非跨地区的企业、事业单位、机关、社会组织及其他组织。被授予“全国五一劳动奖状”的，由全国总工会颁发奖牌和证书。“全国五一劳动奖章”是全国总工会为奖励在社会主义各项建设事业中做出突出贡献的职工而颁发的荣誉奖章。被授予“全国五一劳动奖章”的职工，由全国总工会颁发奖章、证书和奖金。

“全国工人先锋号”授予企业、事业单位、机关、社会组织及其他组织所属的部门。被授予“全国工人先锋号”的，由全国总工会颁发奖牌和证书。

除召开全国劳模表彰大会的年份外，每年五一国际劳动节前夕，要进行“全国五一劳动奖”和“全国工人先锋号”的表彰。

尽管不同奖项的表彰机构、授予对象、评选标准不尽相同，但共同彰显着国家对在社会主义建设事业中做出重大贡献的优秀劳动者的褒奖与激励，都是对劳动精神的礼赞，对劳动创造的讴歌。

**思考：**劳动模范是如何评选出来的？怎样才能成为劳动模范？

## 二、劳模精神形成和发展

劳模精神源自中华民族优秀传统文化，孕育于革命战争年代，形成于社会主义革命和建设时期，发展于改革开放新时期，光大于中国特色社会主义新时代。劳模精神是时代精神的体现，受时代经济社会发展影响，在不同时代都有不同的时代特征，但一脉相承，不断丰富发展，历久弥新。

### （一）劳模精神继承了中华优秀传统文化精髓

回望中华文化璀璨夺目的星河，在早期中国人劳动实践的古代神话中，无论是女娲补天，还是大禹治水，均是对早期中国劳动人民勇挑重担、主动劳动、无私奉献的劳动实践的生动描述与总结。其中蕴含的舍我其谁的责任意识为劳模精神中的主人翁思想形成提供了传统文化滋养。中华民族面对严酷的自然环境，始终秉持积极主动改造世界的态度，不管是“子子孙孙无穷匮也”、誓要铲平二山的愚公，还是遍尝百草的神农，无不体现了中华文化中无畏的劳动精神，肯定了通过踏实、艰苦并且持续不断、持之以恒的劳动，一定能够获取新知、创造新生活、造福人类社会的决心，为劳模精神注入了艰苦奋斗的文化基因。在日出而作、日落而息，终年不绝的农耕社会的劳动实践中，中国人培养了“一粥一饭，当思来处不易；半丝半缕，恒念物力维艰”的勤俭节约传统；在朝代兴替中，古人总结出“历览前贤国与家，成由勤俭败由奢”的真知灼见，对劳动成果的珍惜态度培育了劳模精神中勤俭节约的精神。

### （二）革命战争时期：为革命献身、革命加拼命、苦干加巧干、经验加创新

中国的劳模最早诞生于土地革命战争时期中央苏区的公营企业和革命竞赛中，尔后出现在抗日战争时期的陕甘宁边区大生产运动和各项建设中，解放战争时期又出现了大量的“支前劳模”和新解放城市中的“工业劳模”。这一时期的劳模主要包括生产好的劳动英雄和工作好的模范工作者两大类，他们来自农村、工厂、军队、机关、合作社、学校等地方，有退役残疾军人、妇女、青年、学生等不同身份的人民群众，分布在农业、工业、商业、纺织、运输、合作、财政金融贸易、卫生保育、行政、保安、司法等多个领域，从事经济、军事、政治、文化等各项建设。其优秀代表人物主要有“边区工人一面旗帜”赵占魁、“兵工事业开拓者”

吴运铎、“新劳动运动旗手”甄荣典、717团干出生产成绩列全边区之首“坚持执行屯田政策”的晏福生、“合作社的模范”刘建章等，他们以“新的劳动态度对待新的劳动”积极参加义务劳动，全力支援前线斗争，带动群众投身中国共产党领导的人民解放事业。

## 主题阅读

### 边区工人一面旗帜

1896年赵占魁出生于山西省定襄县一个农民家庭。自幼家贫的他12岁给人当雇工、做苦力，17岁学铁匠，先后在太原铜圆厂当学徒、同蒲铁路介休车站修理厂当火炉工。

1938年，日寇横行山西，赵占魁流落至西安。第二年5月赵占魁来到延安，在抗大二大队学习中认识到：自己的命运与中国共产党、与革命，是血肉相连分不开的，边区公营工厂是为抗战而生产的，工厂本身就是革命的财产，作为工人应当尽力爱护它。

1939年，陕甘宁边区开展大生产运动，抗大缺少工具，赵占魁提出开炉灶自己打。他召集几个工人，垒起3个炉子，仅用半个月时间，就打出200把镢头和300把锄头。随后，边区政府为发展生产，创办了农具工厂。赵占魁来到农具工厂，在翻砂股当化铁工人。

化铁是一项既艰苦又重要的工作，特别是在夏天，因为缺少专业的石棉工作服，赵占魁就身穿厚厚的棉衣代替。站在上千摄氏度的熔炉旁，他每天工作12个小时以上，却从没有叫过一声苦。在一次熔炉时，坩埚突然坏了，上千摄氏度的铜水一下倒在地上，溅在了赵占魁的右脚上，他的脚面立刻烧得焦黑一片。之后，中共中央职工运动委员会和延安各单位的同志到中央医院看望他，让他安心治病，可是他没等脚伤痊愈，就回到了工作岗位，还把各单位送的慰问金全部捐给了前线战士。

为了改进技术，提高产品质量，赵占魁潜心钻研，解决难题。刚开始炼铁，1斤焦炭只能化1斤铁，经过他反复试验，可以化到2斤半，成品的损耗率由过去60%减少到25%。工厂化铜的罐子，是用坩土自制的，最初一个罐子只能化2～3次铜，经过赵占魁的几次改进，可以化到6次，使用率提高了一倍以上。

1943年和1944年，陕甘宁边区两次召开劳动英雄、劳动模范工作者表彰大会，赵占魁被评为边区劳动英雄和特等劳动模范，受到了毛泽东、周恩来、朱德等中央领导人接见。朱德称赞他是用革命者态度对待工作的“新式劳动者”。

边区特等劳模赵占魁

1944年5月，边区工厂职工代表大会发表《宣言》，提出要发扬与坚持赵占魁运动。在此之后，赵占魁运动得到了更加广泛的开展。1950年，赵占魁被授予“全国劳动模范”称号，随后，先后担任西北军政委员会劳动部副部长、西北总工会副主席、陕西省总工会副主席。他在工作岗位上，始终保持着延安时期工人阶级的优秀品质，保持着劳动人民的本色，为社会主义事业尽心竭力、默默奉献。

**思考：**跨越时空，以赵占魁为代表的革命战争时期的劳动模范身上有哪些特质在新时代依然熠熠生辉？

1942年9月11日《解放日报》发表的《向模范工人赵占魁学习》的社论写道，赵占魁在执行生产任务上、爱护革命财产上、照顾工厂生产上、关心群众利益上、遵守劳动纪律上、团结全厂职工上、热心公益事业上，所有这些表现出来的精神，都是边区公营工厂工人的模范。在他的工作作风中，一贯表现出来的始终如一、积极负责、老老实实、埋头苦干、大公无私、自我牺牲的精神，也正是新民主主义地区公营工厂工人所应有的新的劳动态度。这种新的劳动态度是宝贵的，值得大大发扬的，值得学习的。

这一时期的劳模运动经历了从个人到集体、从生产领域到各个方面、从上级指定到群众评选、从数量增多到质量提高、从提倡号召到按规定标准予以推广、从革命竞赛到全面的群众运动的发展过程，体现了“服务战争、支援军事”的指导思想和“为革命献身、革命加拼命、苦干加巧干、经验加创新”的劳模精神，呈现出“革命型”的劳模特征。

劳模评选极大地调动了军民斗争、生产、工作的积极性，引发了一场思想革命，在群众中首次树立了“劳动光荣、劳动致富”的劳动观念；不但推动了苏区、抗日根据地和陕甘宁边区生产、建设事业和各项工作的大发展，改善了军民的生活，提高了军事素质和工作效率，还创新了生产组织形式和工作方式，密切了军民关系、干群关系、党群关系，增强了劳动人民的团结，并为党领导下的新民主主义革命取得胜利、建立新中国做出了重大贡献。

### （三）社会主义建设时期：艰苦奋斗、无私奉献

新中国成立后，工人阶级和广大农民实现了政治和经济上的“翻身”，获得了主人翁和当家作主的地位，心中充满了感恩和报效国家的劳动热情。为恢复发展国民经济，进行社会主义建设，党和政府坚持沿用了革命战争时期的经验做法，依托社会主义劳动竞赛和生产运动开展了形式多样的劳模运动，评选出了成千上万的劳模和先进生产者。从 1950 年 9 月到 1960 年 6 月这 10 年间，是中国劳模快速发展壮大的时期，党和政府先后召开了 4 次大规模的全国性劳模和先进生产者代表大会，评选产生了一万多名劳模和先进工作者。这些劳模广泛分布在工业、农业、部队、交通运输、基本建设、财贸、教育、文化、卫生、体育、新闻等国民经济和社会建设的多个方面，既有生产能手、岗位标兵、技术人员、科学工作者，又有先进工作者、优秀组织者和管理者，其典型代表人物有孟泰、王进喜、时传祥、李四光、钱学森、华罗庚、焦裕禄、赵梦桃、郝建秀、倪志福、郭凤莲、张秉贵等。在他们身上体现出的是社会主义理想和爱国报恩的价值追求，其蕴含的劳模精神的内涵是“不畏困难、艰苦奋斗、自力更生、无私奉献、刻苦钻研、勇于创新、不怕牺牲、团结协作、爱岗敬业、多做贡献”。

## 主题阅读

### 跟着共产党走、棒打不回头的高炉卫士

1926 年，孟泰到日本人经营的昭和制铁所当配管学徒工。1948 年，鞍山解放，翻身做主的孟泰很快响应党的号召到通化去抢修高炉，他多次向工友和家人表示：“跟着共产党走，棒打不回头！”东北全境解放后，孟泰又回到鞍山，投入恢复鞍山钢铁厂（简称鞍钢）的工作中去。

当时的鞍钢，经历了日军和国民党军的反复破坏，几乎找不出一台完整的设备。不甘心让炼钢厂变成高粱地的孟泰，带领工友们跑遍十里厂区，从废铁堆中回收上万件修复高炉所需的零件设备，建起“孟泰仓库”，不仅给高炉“起死回





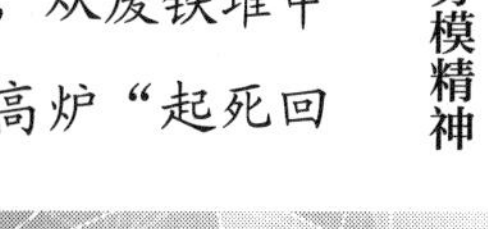

生”找到了“救命药”，还给国家节约、储备了大批器材。

新中国成立后，孟泰以极大的热情投身生产工作。尽管已年过五旬，但干起活来还像个小伙子，在一、三号高炉点火的前前后后，孟泰干脆住进了工厂。孟泰善于发扬钻研精神，实践中他逐步摸索出一套“眼睛要看到，耳朵要听到，手要摸到，水要掂到”的工作规律及操作技术，被称为“孟泰工作法”。其中，“掂水”的功夫堪称一绝。高炉循环水出故障，孟泰只要把手伸向流淌的循环水水流掂几下，总能找准病根，手到病除，同行们都称他为“高炉神仙”。

为了确保安全生产，孟泰提出“宁叫人找事故，不叫事故找人”的口号，总结出“保证不漏水、不漏风、不漏气”，以及“勤看、勤走、勤检查、勤修理”的“三保”“四勤”制度。面对生产过程中出现的险情，孟泰的忘我精神同样闻名。在一次高炉事故中，孟泰发现一处炉皮钢板被烧穿，铁水与顺着炉皮流下的冷却水相遇，高炉随时有爆炸的可能。孟泰带领抢险的工友，果断地用铁板将水流引离炉皮，并在短时间内采取一系列处理措施，成功避免了一场炉毁人亡的恶性事故。孟泰奋不顾身、将生死置之度外的形象镌刻在工人心中，被大家尊称为“高炉卫士”。

“高炉卫士”孟泰

孟泰曾被毛泽东同志称赞为“钢铁战线的老英雄”，多次被评为全国劳动模范。1967年9月，孟泰因病在北京去世。2019年新中国成立70周年，孟泰又被授予“最美奋斗者”称号。

**思考：**孟泰的名字永远留在了新中国建设的功劳簿上。在“鞍钢老英雄”的身上永不褪色、永放光芒的精神核心是什么？

孟泰将毕生精力无私地奉献给了鞍钢，奉献给了新中国的钢铁事业，他为恢复鞍钢生产建设和发展我国钢铁工业做出了巨大贡献。作为鞍钢乃至全国工人的光辉典范，孟泰身上集中体现出了工人阶级爱厂如家、艰苦创业、自力更生的可贵精神。孟泰代表了20世纪50年代中国工人阶级的风貌，展现了这一时期劳模“一不怕苦、二不怕死”的硬骨头精神和“老黄牛”形象，以及“提高操作技能和熟练程度、提升技术水平和生产能力、提出合理化建议和总结推广先进经验、从生产型向技术革新型转变”的典型劳模特征。

这一时期的劳模主要来源于基层，一线产业工人是主流，新中国成立初期劳模队伍的迅速壮大及其具有的示范引领作用，为新中国国民经济的恢复、社会主义建设在各条战线的起步与发展做出了重大贡献，为树立社会主义劳动观念、推广劳模经验、提高生产工作效率、提升组织管理协作水平发挥了重大作用。

### （四）改革开放时期：创先争优、实干至上

改革开放时期，国家建设的重心转变为“以经济建设为中心”，广大劳动群众满怀劳动热情，积极投身于改革开放的伟大实践。这一时期劳模评选活动和劳模精神的弘扬，使“发展是第一要务、科学技术是第一生产力”成为全社会共识。以往所推崇的“老黄牛”一元化劳模形象悄然发生转变，树立了一批奋进型、技能型、管理型等多元化的劳模形象。劳模群体在构成上呈现出多样化的态势，表现在劳模群体年龄跨度大，覆盖老中青各个年龄层次；职业跨度大，劳模评选范围突破了单纯生产范畴，包括一线工人、农民工、专家学者、教育工作者、高级技工、公务员、私营企业主、民营企业家、企业管理者、运动员等。随着人们对劳动认识的不断深化，劳动者的内涵不断丰富，特别是“知识分子是工人阶级的一部分”的论断使劳模队伍的外延更加扩大。

这一时期的劳模大致可以分为 3 种类型：“蓝领专家”孔祥瑞、“金牌工人”窦铁成、“新时期铁人”王启明式的生产楷模；“两弹元勋”邓稼先、“知识工人”邓建军、“杂交水稻之父”袁隆平式的知识分子和科技人员；“人民公仆”孔繁森、“新时代雷锋”徐虎式的为民爱民、廉洁勤政的先进工作者。

## 主题阅读

### 自学成才的“工人教授”

全国劳模、中国中铁一局电务公司电力工人高级技师窦铁成从一名只有初中文化程度的工人，成长为掌握现代电力施工技术的专家型工人，实现了由实干型工人向知识型工人的跨越，走出了一条自学成才、岗位成才之路。他先后主持安装大型铁路变配电所 53 个，解决施工技术难题超过 50 项，为所在企业创造和节约资金超过 1 400 万元。

窦铁成生于陕西省渭河边的一户农家。1979年，23岁的窦铁成通过招工考试，成为中铁一局一名电力工人。“一个人可以没有文凭，但不能没有知识和技能。”只有初中文化程度的窦铁成，暗暗发誓要成为一名好电工。从此以后，他抓紧一切机会学习电工知识和技能。

“工人教授”窦铁成

每天干完工作后，窦铁成顾不上休息就凑到老工人身边，递工具、打下手，通过观察施工过程暗暗“偷师”。下班后，许多工友不是打牌就是喝酒，他却抓紧时间看图纸。深夜别人进入梦乡时，他还偷偷躲在被窝里学习。他给自己定下了一个目标：通过自学达到大学知识水平。

从那以后，购买电工专业书籍成为窦铁成生活中的重要开销。《高等数学》《电工学》《电磁学》《电子技术》《电机学》……几十年间窦铁成记下了超过60本、100多万字的工作学习笔记。在年复一年的学习中，窦铁成的理论功底日渐扎实。

2002年，京珠高速公路开始修建，中铁一局电务公司承担了广东境内某标段的系统机电设备安装工程。窦铁成被“点将”前去增援。他和工友们查阅资料，对照说明书边学边干，很快完成了安装任务。

然而，就在进行交工送电前的空载实验时，意外发生了，一个变压器开关不断跳闸。窦铁成冷静地翻开图纸，通过各种仪器的检查测试，大胆地提出，问题出在进口设备的设计环节。然而，专门赶来的外国专家坚持说，设备是国际最先进的，不可能出问题。然而最后的检查结果验证了窦铁成的论断。外国专家竖起大拇指，连声称赞“中国工人了不起”。

从电磁保护到晶体管保护，从微机连锁保护到四电集成保护，从手工绘图到电脑制图，随着中国铁路电力变配电技术的升级换代，窦铁成以只争朝夕的精神和坚忍不拔的毅力，不断勤学苦干，不断地充实着自己的知识库，逐渐成长为能独立主持大型变配电所施工的专家型工人。

2011年，已经年过半百的窦铁成依然保持着劳动者的本色，依然不知疲倦地转战于全国铁路、地铁的电务施工现场，并且在施工中不断创新工作方法。他说："荣誉只能代表过去。掌声落下，礼服应叠起，勋章该珍藏，鲜花要放下。我就是个工人。只有在火热的工地上，我才能成为人民美好生活的创造者，我的人生才有价值。"

**思考：**改革开放的40年，便是窦铁成奔忙的40年。他的身影遍布全国的铁路、地铁电务施工现场，只有初中文化程度的他，被人尊称为"工人教授"，从他不凡的奋斗历程中，你能得到哪些启示？

窦铁成干一行、爱一行、专一行、精一行，带动群众锐意进取，积极投身改革开放和社会主义现代化建设，彰显了改革开放时期劳模"创先争优、实干至上"的显著特征。这一阶段的劳模精神营造出"敢打敢拼、能闯能干"的社会氛围，勾勒出"时代弄潮儿"引航改革开放时期中国经济社会发展的新轨迹。

### （五）中国特色社会主义新时代：开拓创新、人民至上

以习近平同志为核心的党中央在世界百年未有之大变局和实现中华民族伟大复兴的时代背景下，赋予了劳模精神新的时代内涵。习近平总书记在多次讲话和多个场合中阐述了劳模的历史功绩和时代价值。劳动模范是"坚持中国道路、弘扬中国精神、凝聚中国力量的楷模"，是"劳动群众的杰出代表，是最美的劳动者"，是"民族的精英、人民的楷模，是共和国的功臣"。在实现中华民族伟大复兴的中国梦的道路上，劳模精神"丰富了民族精神和时代精神的内涵"，"生动诠释了社会主义核心价值观"，是"伟大时代精神的生动体现"，是"中国精神的生动体现，鼓舞全党全国各族人民风雨无阻、勇敢前进的强大精神动力"。

这个时代的劳模大致可以分为3种类型："中国舰载机之父"罗阳、"九天揽星人"孙泽洲式的科技型劳模；"金牌焊工"高凤林、"深海钳工第一人"管延安、"铁路小巨人"巨晓林式的工匠型劳模；"活着的孔繁森"杨善洲、"贫困群众的亲闺女"刘双燕、"当代愚公"黄大发式的服务型劳模。他们在实现中国梦伟大进程中拼搏奋斗、争创一流、勇攀高峰，在决胜全面建成小康社会、决战脱贫攻坚中发挥了主力军作用，为全国抗疫斗争取得重大战略成果、统筹疫情防控和经济社会发展取得积极成效做出了突出贡献，用智慧和汗水营造了劳动光荣、知识崇高、人才宝贵、创造伟大的社会风尚，谱写了"中国梦·劳动

美”的新篇章。“他们在平凡的岗位上创造了不平凡的业绩，以实际行动诠释了中国人民具有的伟大创造精神、伟大奋斗精神、伟大团结精神、伟大梦想精神。”

## 主题阅读

### “远征火星”的全国劳动模范

“天问一号”探测器于2021年5月15日成功软着陆火星表面，这是一场漫长的等待，也是壮怀激烈的远征。从2020年7月23日成功发射升空，到5月择机着陆火星，天问一号在太空经历了长达9个月的茫茫旅程。在这期间，“天问一号”火星探测器总设计师，全国劳动模范孙泽洲和他的团队每天都在不间断地监测着它的工作状态。

“天问一号”火星探测是中国第一次真正的行星探测，其难度不言而喻，对于孙泽洲而言，他已经不是第一次掌舵如此突破性的项目。此前，嫦娥三号和嫦娥四号也都是孙泽洲与团队的成果。“嫦娥一号‘进场’的时候，我30多岁；嫦娥三号‘进场’的时候，我40多岁；天问一号发射的时候，我就跨入了50岁了。”作为“70后”的孙泽洲，在年轻的中国航天团队中是一员“老将”。2016年，中国火星探测任务和嫦娥四号探测器任务分别正式立项，孙泽洲被任命为两大探测器的“双料”总设计师，一面飞“月球”，一面奔“火星”。

从“探月”到“探火”，距离从38万千米一下子“跨越”到4亿千米。除了距离挑战，还有潜在的竞争压力。2020年，中国、美国、阿联酋几乎同步发射火星探测器，也被世界看作是新一轮的太空竞赛。“‘探月’时只有中国自己在奔跑，而‘探火’之旅，被看作是三个运动员在同一个赛道奔跑。”孙泽洲说。美国从20世纪60年代开始火星探测，1975年“海盗号”首次降落火星表面，直到本世纪“勇气号”“机遇号”等火星车相继实现了火星表面的巡视探测，积累了大量的经验和技术，而我国要一次实现“环绕、着陆、巡视”三大目标，不仅起点高，难度更大。

尽管前方难题重重，但越是巨大的挑战，越能产生重大的跨越，孙泽洲在过去20多年中，对这个信念愈发坚定，“越是难走的路，越想走一走”。在多年的研究攻关中，大大小小的问题遇到过不少。孙泽洲说，自己解压的方式，是

“天问一号”着陆器和巡视器

把“拦路虎”写出来，再逐步分解，每一项到底有多少个环节和问题，排开轻重缓急。“其实经历的困难越多，你的信心就越强，对压力的承受能力也就越强。”在深空探索尤其是火星探测中，人类经历了太多的失败。火星之旅长达9个月，而降落在火星表面的7～10分钟，却是整个任务的关键点，直接决定着任务的成败。孙泽洲表示，火星“出远门”肯定有很多意想不到的事情，为准备火星“着陆和巡视”，团队也做足了准备。在沙漠戈壁，他们寻找模拟火星环境的场景，做了一个月的测试；在内蒙古，他们在空旷的草原做空投试验；在河北和北京大兴，他们也待了两个多月，测试探测器的避障等能力。

孙泽洲介绍，天问一号采用了独创的“弹道升力式+配平翼”的混合方案进入火星大气层，复杂程度高，但适应性、鲁棒性更好，“虽然我们是第一次奔赴火星，但我们采用了新技术，跟美国当前最先进的技术是同等水平。”孙泽洲自信地表示。孙泽洲说，“探火”将带动深空探测技术的发展和相关人才的培养，“除了将天问一号发射入轨，到达火星的任务。我们其实还有一个目标，就是要构建独立自主的深空探测的基础工程体系。”“随着我们技术的进步，太空采矿、月球火星等原位资源利用，甚至火星移民等现在看来可能觉得太科幻的构想，随着人类的技术的发展，未来有一些都将逐渐落地变为现实。”

**思考：**不同时期的劳动模范代表着一个时期社会发展的方向，根据孙泽洲的行动诠释的劳模精神，你对新时代劳模精神的传承和发展有什么感悟？

“开拓创新、人民至上”是新时代劳模的显著特征。从探月工程到火星探测，孙泽洲是在国家建设中，争当开拓者的无数劳动群众的杰出代表，攻坚克难，接续奋斗，见证了中国航天事业从弱到强的艰难历程，这异常艰辛的攻坚之路背后凝聚着中华民族对于自主创新的不懈追求，对于攀登世界科技高峰的强大信心与力量。“中华民族伟大复兴，绝不是轻轻松松、敲锣打鼓就能实现的，实现伟大梦想必须进行伟大斗争。”实现关键核心技术重大突破，不断增强科技实力和创新能力，努力在世界高技术领域占有重要一席之地才能在日趋激烈的竞争中把握主动，赢得未来。越是难走的路越要走一走，越要迈得更坚实。

## 三、劳模精神的时代价值

劳模精神作为伟大时代精神的生动体现，印证着社会发展的变迁，也体现着一个民族的思想精华，代表了一个时代的文化符号。在当前实现中华民族伟大复兴中国梦的新时代背景下，劳模精神有着更重大的时代价值。

### （一）劳模精神是民族精神和时代精神的生动体现

习近平总书记深刻指出，“劳模精神是以爱国主义为核心的民族精神和以改革创新为核心的时代精神的生动体现，是鼓舞全党全国各族人民风雨无阻、勇敢前进的强大精神动力”。

劳模精神是民族精神的重要组成部分。一方面，劳模精神是民族精神核心要素的集中体现，既体现了以爱国主义为核心的团结统一、爱好和平、勤劳勇敢、崇德尚礼、公而忘私的民族情怀，又体现了知行合一、自立自强的人生追求。另一方面，劳模精神是民族精神创新发展的重要推动力量，始终与时俱进，创新丰富了民族精神。一代又一代劳模，用自己的辛勤劳动、诚实劳动和创造性劳动，为民族精神注入新能量，不断丰富着民族精神的博大内涵。

劳模精神是时代精神的生动体现。一方面，劳模精神具有鲜明的时代特征，是时代精神的生动体现。作为一种文化精神，劳模精神不是一成不变的，而是实践的、创新的、鲜活的、生动的存在，随着国家意识形态、经济社会形势和时代变迁而不断演变发展。另一方面，劳模精神推动了时代精神的发展，丰富了时代精神的内涵。在劳模的创造性实践和不断探索中，激发出蕴含着自主性、首创性、先进性元素的劳模精神，呈现着社会进步的发展方向，不断为时代精神注入新能量、新内涵。

### （二）劳模精神是培育时代新人的重要手段

劳模精神，是一种起于平凡的不平凡精神，反映的是一个民族在某一个时代的理想追求和价值取向。习近平总书记在给中国劳动关系学院劳模本科班学员的回信中指出：“用你们的干劲、闯劲、钻劲鼓舞更多的人，激励广大劳动群众争做新时代的奋斗者。”劳模精神，作为社会主义核心价值观的生动体现，更容易为人们所接受，更方便为人们所模仿，更能给广大职工群众带来精神上的感染和鼓舞。弘扬劳模精神就是树立起一面旗帜、标示出一种导向。通过强化教育引导、舆论宣传、文化熏陶、实践养成、制度保障，激发广大劳动者干事创业的积极性、主动性和创造性，培养知识型、技能型、创新型新时代劳动者，鼓励劳动者把自己的劳动岗位作为创造人生价值的最佳平台，向劳动模范学习、向先进人物看齐，大力弘扬工人阶级伟大品格，自觉践行社会主义核心价值观，争当全面深化改革、推动科学发展、促进社会和谐的时代先锋，努力在本职岗位上，以劳动创造助力经济社会快速发展，用劳模精神托起新时代“梦想成真、人生出彩”的追求，造就一批批具有劳模精神的时代新人。

### （三）劳模精神是文化自信的重要支撑

文化自信是一个国家、一个民族发展中更基本、更深沉、更持久的力量。没有高度的文化自信，没有文化的繁荣兴盛，就没有中华民族伟大复兴。技能人才作为人数众多的社会群体，在文化建设中发挥着不可替代的作用，技能人才的自豪感构成了当代中国文化自信的基础，没有广大技能人才的文化自信，当代中国的文化自信将不可能真正实现。

作为广大劳动者当中优秀分子代表的劳动模范，他们身上孕育和凝聚的劳模精神，植根于中华民族劳动过程特别是中国特色社会主义伟大实践，充分继承并发展了中华优秀传统文化和社会主义先进文化。劳模精神以先进思想的武装、共同理想的激励、民族精神的传承、时代精神的塑造、价值观念的培育彰显了劳动文化的先进性，集中体现了社会主义核心价值观的基本要求，是建设中国特色社会主义的强大精神支柱和宝贵财富，是中国特色社会主义文化的重要组成部分。弘扬和践行劳模精神，就要自觉地承担起用先进劳动文化引领社会进步的责任，用劳模精神引领社会思潮，促进和推动社会发展进步，促进中国特色社会主义文化繁荣发展。

### （四）劳模精神是实现伟大复兴中国梦的重要力量

一个民族要前行、一个国家要富强，离不开推动其持续发展的不竭动力。要实现中国梦，我们不仅要在物质上强大起来，而且要在精神上强大起来。劳模精神既代表着一个时代的价值观、道德观和精神风貌，更是国家发达和民族兴旺的强大动力。当前，我国进入新的历史发展阶段，经济体制、社会结构和利益格局正在发生深刻变革与调整，劳动群众的价值观念日益呈现出多元、多样、多变的特点。因此，我们需要在全社会弘扬和践行劳模精神，营造尊重劳动、尊重知识、尊重人才、尊重创造的社会氛围，涵养以辛勤劳动为荣、以好逸恶劳为耻的社会风气，培育积极健康、开放包容的社会心态；需要用劳模品质来感召劳动群众，用劳模精神来引领劳动群众，不断增强广大劳动群众的自信心和自豪感，推动广大劳动群众在劳动岗位做出更多的贡献，实现更大的社会价值。让“辛勤劳动、诚实劳动、创造性劳动”成为社会普遍认同的价值遵循，让“劳动光荣、创造伟大”成为时代强音，用劳模精神激励全国各族人民应对前进中的挑战和机遇，团结奋斗、战胜苦难并勇往直前，为中国经济社会发展汇聚强大正能量，为实现中华民族伟大复兴中国梦增砖添瓦。

## 2.2　理解劳模精神

劳模精神是对劳动模范高尚行为的提炼与概括，反映劳动模范在生产实践中的职业素养、职业能力与道德品质。劳模精神孕育于新民主主义革命时期，成长于社会主义建设时期，繁荣于改革开放大潮，绽放于中国特色社会主义新时代。劳模精神是真实反映中国劳动者意愿、体现社会进步需求的精神品格，是中国民族精神与社会主义核心价值观的重要组成部分，也是中国共产党人精神谱系的重要内容。劳模精神具有厚重的历史特色、深刻的理论意涵、强大的实践力量和鲜明的时代特征。

### 一、劳模精神的特征

“劳而优则模”。劳模精神的主体是劳动模范，劳动模范来自热爱劳动、勤于劳动并善于劳动的劳动者。不同行业和领域的劳动模范所从事的职业千差万别，但他们身上所蕴含的精神力量具有同一性。纵观各个历史时期，劳模精神具有政治性、示范性和时代性三个特征。

### （一）政治性

劳动模范的评选和表彰是我国特有的一项制度，与党的事业同步发展。新民主主义革命时期，在革命文化的熏陶下，一批批劳动英雄、模范人物涌现，并逐步凝聚出革命时期的劳模精神。“劳模运动”对当时解放区的经济发展和抗日战争起到了重要的支持作用。这一时期所孕育的劳模精神以发展生产、服务战事、支援前线为使命，促进了革命根据地物质生产、密切了军民关系，为夺取新民主主义革命胜利、建立新中国做出了极大贡献。

新中国成立不久，全国工农兵劳动模范代表会不仅表彰了400多位劳动模范，而且决定“要把评选劳模形成固定的制度”。这一时期的劳模精神极大地发挥着贡献社会主义建设的示范引领作用，为新中国恢复国民经济水平、落实各条战线上的社会主义起步建设奠定了重要物质与思想基础。改革开放后，随着科技水平的不断进步，计划经济向社会主义市场经济转型，我国的社会生产方式发生了历史性飞跃，劳模评选以创造经济效益、提升科技实力、服务社会发展、创造民族价值为标准，劳模精神为建设小康社会、建设社会主义现代化国家提供了重要精神力量。从1995年开始，全国劳模表彰大会固定为每5年召开一次，且表彰年份与同时期五年规划的收官之年重合。

党的十八大以来，党和国家高度重视劳模精神在我国经济社会生产力要素转型升级、构建和谐劳动关系、贯彻落实新发展理念中所发挥的重要作用。劳动模范的评选、表彰与国家政治、经济、社会等各方面稳步发展的时代背景密不可分。党和政府对劳动模范的表彰规范化、制度化，使得劳模精神处于国家主流意识形态中，成为社会精神的风向标。劳模精神是始终贯穿在中国革命和建设中的强大正能量，是社会主义国家建设不可或缺的精神财富。

劳动模范坚持党的领导、听从党的召唤、服从党的指挥，具有无限忠诚、信念坚定、胸怀全局、爱党爱国的政治素养，有着强烈的政治性。劳模身上所体现的对党和人民事业无限忠诚、对理想信念始终如一的价值观念和行为规范，为中国共产党的先进性和纯洁性做了人格化的生动诠释。无论哪个时期，“爱岗敬业、争创一流，艰苦奋斗、勇于创新，淡泊名利、甘于奉献”的劳模精神寄托了党和国家对中国特色社会主义建设者的能力期待、道德期待和政治期待，熔铸在中国共产党人的精神谱系中，成为引领时代风尚的精神高地。

### （二）示范性

劳动模范来自人民群众，是广大劳动者中的骨干和佼佼者，他们立功受奖后，回到群众中，用自己的实际行动树立威信，发挥示范带头作用，培育和影响着更多的劳动者争先创优。新民主主义革命时期，瑞金中央苏区开展春耕生产运动，中华苏维埃共和国临时中央政府通过总结春耕运动经验，评选“春耕模范”、掀起农业生产竞赛高潮，促进了苏区农业生产发展。延安军民大生产运动中，涌现出“边区工人一面旗帜”赵占魁、“兵工事业开拓者”吴运铎等一大批劳动英雄，边区政府隆重表彰劳动英雄和模范工作者，并在报刊宣传他们的事迹，营造学先进、赶先进、当先进的浓厚氛围。劳动模范人物以“新的劳动态度对待新的劳动”，极大的劳动热情、丰富的劳动创造、无私的劳动奉献，汇聚成推动时代前进的强大精神动力，为打破经济封锁、进行革命根据地建设做出了突出贡献。在劳模精神的鼓舞下，更广大的群众被动员起来，自力更生、艰苦奋斗，自觉自愿地投入生产建设中，他们学习劳动模范先进的生产技术、无私的奉献精神。

社会主义建设时期，劳模精神伴随着铁人王进喜等劳模形象深入人心，以“硬骨头精神”和“老黄牛精神”为形象的劳模精神体现典型“建设性”特征，即“艰苦奋斗、自力更生、不怕牺牲、多做贡献”，影响了一代又一代人。

进入新时代，劳动模范带领亿万劳动者投身于中国特色社会主义伟大事业的新征程，“劳动最光荣、劳动最伟大、劳动最崇高、劳动最美丽”成为时代最美的音符。每一位劳动模范背后，都有一段动人的故事。劳模精神是教育、引导和激发广大劳动群众积极性、主动性和创造性的强大精神力量。不一定每一位劳动者都能够成为劳动模范，但可以学习他们所具有的劳模精神，热爱自己的岗位，全身心地投入整个劳动过程中去，即所谓的干一行、爱一行、钻一行，结果必然是能专一行、精一行。

### （三）时代性

劳模精神是时代的产物，同时也是指引时代前进的精神符号。不同时期的劳模代表着一个时期的社会发展方向。劳模精神在实践中不断丰富发展，显示出不同的时代特征。在新民主主义革命时期的劳动竞赛、革命竞赛中，劳模精神逐渐萌发，初现“争创一流、艰苦奋斗”的精神内涵。社会主义革命和建设时期，为提高社会生产率，在生产和技术革新中逐渐锻造出“老黄牛精神”、无私奉献的牺牲精神。改革开放推动了中国特色社会主义事业的伟大飞跃，赋予了劳模精神新的特点和新的时代内涵，“争创一流、勇于创新”的内涵在推行中得到落实。一代又一代劳动模范勤学技术、苦练本领，执着专注、追求卓越，影响和激励着广大劳动者。随着中国特色社会主义进入新时代，劳模精神被赋予了新内涵。习近平总书记给中国劳动关系学院劳模本科班学员的回信中指出，“社会主义是干出来的，新时代也是干出来的。”新时代劳模精神以干劲、闯劲和钻劲作为价值引领，劳动模范带动广大劳动者在社会主义现代化的新征程中，争做新时代的奋斗者，这是实现中华民族伟大复兴中国梦最重要的保证。

穿越时代变迁，无论是风雨苍茫的战争年代，还是飞速发展的建设时期，劳模精神都代表着一个时代的价值观，展示了中国工人阶级顽强拼搏、自强不息的崇高品格，体现了与时俱进、开拓创新的精神风貌。

## 二、劳模精神的内涵

2005 年，全国劳动模范和先进工作者表彰大会首次将劳模精神的科学内涵以 24 个字表述出来，即“爱岗敬业、争创一流，艰苦奋斗、勇于创新，淡泊名利、甘于奉献”。党的十八大以来，劳模精神在中国特色社会主义新时代的伟大实践中不断丰富，成为引领人们为美好生活而勤奋劳动的价值观。习近平总书记在党的十九大报告中强调，建设知识型、技能型、创新型劳动者大军，“弘扬劳模精神和工匠精神，营造劳动光荣的社会风尚和精益求精的敬业风气”。他指出：“‘爱岗敬业、争创一流，艰苦奋斗、勇于创新，淡泊名利、甘于奉献’的劳模精神，生动诠释了社会主义核心价值观，是我们的宝贵精神财富和强大精神力量。”这既是新时代劳模精神科学内涵的明确概括，也是对我国工人阶级与广大劳动群众以勤奋劳动推动实现“两个一百年”奋斗目标的殷切厚望。劳模精神是劳动模范之所以能在广大劳动者群体中脱颖而出的根本原因。做一个守本分、有追求、讲作风、担使命、有境界、有修为的人，是每一位劳动模范的精神风范，更是每一位劳动者应该追求的目标。

### （一）爱岗敬业

爱岗是热爱自己的工作岗位，热爱自己的本职工作。敬业是以一种严肃的态度对待自己的工作，勤勤恳恳、兢兢业业，忠于职守，尽职尽责。爱岗和敬业互为前提，相辅相成。爱岗是敬业的基石，敬业是爱岗的升华。

作为一种职业道德，爱岗敬业蕴涵了职业人员对社会分工的必要性和现实性

的尊重。我国早在《礼记·学记》中就明确提出了“敬业乐群”，南宋朱熹提出“敬业者，专心致至其事业”。习近平总书记指出：“劳动没有高低贵贱之分，任何一份职业都很光荣。广大劳动群众要立足本职岗位诚实劳动。无论从事什么劳动，都要干一行、爱一行、钻一行。”

爱岗敬业精神是劳模精神的基础。尽管时代变迁，但以劳动模范为代表的工人阶级始终以自觉的主人翁责任感，以强烈的事业心，勤勉的工作态度，旺盛的进取意识，无私的奉献精神保持和发扬了爱岗敬业的光荣传统，成为推动时代前进的强大动力，为我国社会主义建设做出了卓越的贡献。

## 主题阅读

### 燃气战线上的“螺丝钉”

田学磊，1982 年生，天津市人，中共党员，天津市津燃华润燃气有限公司工会副主席，津燃华润燃气有限公司宝坻分公司综合服务网点站长，先后荣获全国劳动模范、全国技术能手等称号。2006 年，田学磊进入了天津市津燃华润燃气有限公司，正式成为一名燃气调压工人。工作之初，他为了尽快熟悉业务、掌握技术，不管站里有什么活儿，派给了谁，路途多远，都主动跟着去，积极向老师傅们请教，争取每一次锻炼的机会，认真总结摸索工作的方法和门道。一段时间后，他的综合技能有了明显的进步。为了熟悉管网设施运行情况，他还利用自己是当地人的优势，一点一滴收集用户信息，统计蓝印户、安检记录、报修情况等信息，形成了一份独特的用户管理台账。

田学磊在更换燃气调压柜压力表

田学磊先后在维修、安检、巡线、内勤、核算、库管、副站长、站长 8 个岗位上任职。无论身在哪个岗位，田学磊都抱定了“干一行、爱一行、钻一行、专一行”的决心，努力把自己打造成为燃气战线上合格的“螺丝钉”。

2016 年，他接受组织安排，前往静海区煤改燃一线进行支援。刚到静海老城区改燃现场时，一些燃气管道在打压过程中出现漏点需要修复，通气点火计划被迫顺延一周，对此一些用户非常不理解并且情绪激动。通过调查走访，他发现部分用户为了安装天然气采暖设备，已经拆除了原来的燃煤暖气。眼看天气越来越冷，他先协调施工队加派人员连夜抢修，又调整通气计划，重新分配点火任务，和同事们加班加点、夜以继日，终于在3天内安全地为100多户居民送上了清洁能源。

**思考：**你身边有对待工作一丝不苟的人吗？他们都有什么共同的点？如何在自己的本职岗位上做到爱岗敬业？

田学磊始终尽职、尽责、尽心，坚守自己让组织放心、用户满意的初心，他从平凡的、琐碎的小事做起，本着对工作岗位负责任的态度，干一行、爱一行，无论身在哪个岗位，都要努力把自己打造成为一枚合格的“螺丝钉”，全身心投入地做好本职工作。田学磊像螺丝钉般的爱岗敬业精神，不仅使自身实现了从普通到优秀的蜕变，也在平凡的岗位上为企业、为社会、为国家做出了不平凡的贡献。

### （二）争创一流

争创一流是当代劳动模范具有竞争力、战斗力和爆发力的精神源泉，是当代劳动模范以高标准、高目标要求自我的高尚情操。广大劳动模范在工作中不断强化自身竞争意识，善于“比”，敢于“拼”，敢于攀登时代潮头，争当各个行业和岗位的排头兵，努力做出一流业绩，产出一流产品，创造一流成果，提供一流服务，在更高起点上实现更好的发展，担当起时代赋予的重任。

劳模精神所彰显的争创一流的品行，是一种“一往无前的闯劲、不畏艰难的拼劲、百折不挠的韧劲和争先创优的干劲，是干大事、创大业的意识，是攻坚克难的胆识，是自我超越、开拓进取的精神”。

争创一流是走在时代前列的刻度和标志，是积极向上的精神风貌和工作态度，是立足岗位的目标取向。它可以内化为每个人的工作动力之源。孔子曰：“取乎其上，得乎其中；取乎其中，得乎其下；取乎其下，则无所得矣。”不论是对待职业目标，还是人生规划，定要志存高远，并为之努力奋斗，才有可能登峰造极。制定争创一流的高目标有利于激发人的动力和斗志，我们在工作中要有争创一流的魄力，不干则已，干就干好，干出成效，干出亮点。

## 主题阅读

### 干就干一流　争就争第一

最美奋斗者许振超

许振超，生于1950年，山东省荣成市人，山东港口青岛港前湾集装箱码头有限责任公司工程技术部固机高级经理，是新时期产业工人的杰出代表之一，曾荣获100位新中国成立以来感动中国人物、全国优秀共产党员、改革先锋、最美奋斗者、全国五一劳动奖章、全国道德模范等荣誉称号。1984年，34岁的许振超被选为青岛港第一批集装箱桥吊司机。桥吊司机的工作是在四五十米的高空仅凭左右手控制操纵杆，指挥吊具升降、前进和后退，在集装箱里“穿针引线”。仅有初中文化的许振超立足本职，干一行、爱一行、精一行，练就了“一钩准”“一钩净”“无声响操作”等绝活，并亲手带出“王啸飞燕”“显新穿针”等一大批工人品牌。

“干就干一流，争就争第一”是许振超的座右铭。2003年4月27日，在“地中海法米娅”轮的装卸作业中，振超团队创造了每小时单机效率70.3自然箱和单船效率339自然箱的世界集装箱装卸纪录。此后，他们又先后9次刷新集装箱装卸世界纪录，使“振超效率”成为港航界的一块“金字招牌”，也成为中国港口领先世界的生动例证。

经过改革发展，港口生产方式实现了由劳动密集型向技术密集型的重大转变。在这一过程中，许振超始终有着明确的人生追求：“咱当不了科学家，也要练就一身‘绝活’，做个能工巧匠，无愧于时代，无愧于港口的培养。”经过多次试验，他在冷藏集装箱上加装了节电器，全年节约电费600万元；他领衔组织实施了轮胎吊“油改电”技术改造，填补了技术空白，年节约资金2 000万元以上，噪声和尾气排放接近于零。

如今的许振超，仍经常在青岛港“许振超大师工作室”里，和新一代码头工人，围绕自动化集装箱码头技术开展创新工作，“我们不要‘差不多’！要干就尽力做到极致，争取世界领先！”

**思考：**了解你所在行业技术的最优标准，并结合岗位思考如何确定并实现争创一流的目标？

“不服输”是许振超的“成长密码”，他善于“比”，敢于“拼”，练就了领先世界的“振超效率”。高尔基说，一个人追求的目标越高，他的才能就发展得越快，对社会就越有益。许振超树立了争创一流的目标，促使他创造了世界一流的工作效率。

### （三）艰苦奋斗

古人云：“俭，德之共也；侈，恶之大也。”艰苦奋斗是指为实现既定的目标而勇于克服艰难困苦、顽强奋斗、百折不挠、自强不息、居安思危、戒奢以俭的精神和行动。其内涵表现在两个层面：在物质层面上是指勤俭节约，克服安逸享受的思想；在精神层面上是指不畏艰难困苦、锐意进取、坚韧不拔、奋发有为的精神状态和行为品质。

艰苦奋斗是中华民族的优良传统，中华民族向来以特别能吃苦耐劳和勤俭持家、讲究节俭著称于世。中国共产党争取民族解放和独立的斗争史，就是一部艰苦奋斗的创业史。过去党靠艰苦奋斗、勤俭节约不断成就伟业，现在我们仍然要用这样的思想来指导工作。习近平总书记指出：“不论我们国家发展到什么水平，不论人民生活改善到什么地步，艰苦奋斗、勤俭节约的思想永远不能丢。艰苦奋斗、勤俭节约，不仅是我们一路走来、发展壮大的重要保证，也是我们继往开来、再创辉煌的重要保证。”

奋斗是人生不变的主题，吃苦是成功必经的过程。当代劳动模范正是靠着艰苦奋斗的精神，攻破一道又一道难题，取得了一个又一个伟大成就。唯有不断奋斗，我们才能越来越靠近自己的理想目标。

## 主题阅读

### 埋头苦干30多年悬崖绝壁开出生命渠



他带领村民，历时30余年，在悬崖绝壁上开凿出一条主渠长7 200米、支渠长2 200米的“生命渠”；他用实干兑现誓言，为改善山区群众用水条件、实现脱



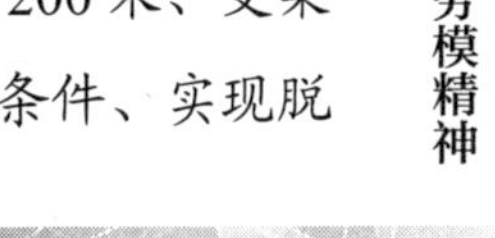

贫致富做出突出贡献；他一心为民、埋头苦干、百折不挠……

他是“七一勋章”获得者黄大发，贵州省遵义市播州区平正仡佬族乡原草王坝村党支部书记，被誉为“当代愚公”。

草王坝村山高岩陡，是典型的喀斯特地貌，雨水落地，顺着空洞和石头缝流走，根本留不下来。村民去最近的水源地挑水，来回需走两个小时。

村民用水，第一遍淘米洗菜，第二遍洗脸洗脚，第三遍喂猪喂牛。县里的干部到草王坝考察，村民递过来的水杯里满是浑黄。

地里也打不出多少粮食。因为缺水，当地只能种一些耐旱的苞谷。苞谷粒炒熟去皮再磨成粉，蒸熟后就成了当地人餐桌上的主食，这种“苞沙饭”难以下咽，在喉咙上直打转转。村民一年四季连饭都吃不饱。

然而，距离草王坝几千米外，就有充沛水源。但是，高山成了险阻。

“穷就穷在缺水上，一定要想法通上水，让大家吃上大米饭。”黄大发当上村干部后，下定了决心。

20 世纪 60 年代，草王坝人在政府的支持和黄大发的带领下，第一次大规模修渠，却因技术等原因，耗时 10 多年也没修成。

不少人打起了退堂鼓，但黄大发不肯服输。1989 年，年过半百的他到附近的水利站，一边帮工一边学习。3 年多时间里，只有小学文化的他从基础学起，下苦功夫，硬是掌握了许多水利知识。

1992 年春，引水工程终于开工，57 岁的黄大发带领 200 多名乡亲，浩浩荡荡奔赴工地。有次炸山出现哑炮，黄大发准备前去查看，有人突然大喊“要炸了”。情急之下，他用随身的背篼罩住自己，碎石块霎时满天飞。万幸的是，碎石只击破了背篼，擦破了他的手臂。

1993 年，工程进行到异常险峻的擦耳岩，垂直 300 多米高，放炮非常危险。黄大发第一个站出来，带几名党员上到山顶，把绳子拴在大树上，再系到腰上，顺着石壁慢慢往下探，寻找放炸药的合适位置。

“共产党员怕牺牲能行吗？先烈们拿身体去堵枪眼，我们做事就要有这种精神。”黄大发说。

1994 年，水渠的主渠贯通。清澈的渠水第一次流进草王坝，村里的孩子跟着水流跑，村民们捧着渠水大口地喝："真甜啊，真甜……。"从没见过黄大发流泪的村民发现，老支书躲在一个角落里，哭了。

1995 年，一条跨三重大山、10 余个村民组，总长 9 400 米的水渠全线贯通，草王坝彻底告别了"滴水贵如油"的历史。村民以黄大发的名字命名这条渠，叫它"大发渠"。

大发渠

"大发渠"通水后，黄大发马不停蹄地带领村民进行"坡改梯"。接下来，是修路、通电。昔日的草王坝，如今已更名为团结村。近年来，在黄大发的精神感召下，团结村两委班子带领村民发展起中药材、有机稻米、有机高粱、精品水果，养起了肉牛、生态猪和蜜蜂，解决就业 1 100 多人，人均年收入突破万元大关。

2019 年年底，团结村顺利脱贫出列，全村建档立卡贫困人口清零。

如今，早已退休的黄大发每天佩戴着闪亮的党徽，仍在为村里的事忙前忙后。"思想齐不齐，想想大发渠"，已成为团结村干部群众团结奋进的精神动力。

**思考：**新时代发扬艰苦奋斗精神有哪些现实意义？

"水过不去，拿命来铺。这是一个老党员为人民许下的誓言。大发渠，云中





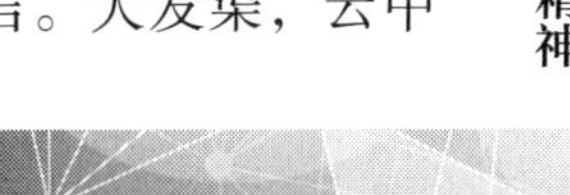

穿，大伙吃上了白米饭。36年，为梦想跋涉，僵直了手指，沧桑了面孔，但初心不改。”黄大发2017年度感动中国的颁奖词生动展现了他一心为民、艰苦奋斗的形象。

### （四）勇于创新

创新是人类特有的认识能力和实践能力，是人类主观能动性的高级表现形式。创新是以新思维、新发明和新描述为特征的一种概念化过程，主要包含三层含义即更新、创造新的东西、改变。创新的本质是突破，创新的核心是“新”，创新的内涵相当广泛，包括技术创新、产品创新、观念创新、思路创新、制度创新、管理创新和能力创新等。

勇于创新是一个民族进步的灵魂，是事业发展的不竭动力。习近平总书记致首届全国职业技能大赛的贺信中指出：“技术工人队伍是支撑中国制造、中国创造的重要力量。”创新发明不是高学历、高职称的专利，只要肯钻研，普通人也能创新。国家科技进步奖二等奖获得者、全国发明展览会银奖获得者、德国纽伦堡国际发明展银奖获得者——武钢机械工人曹雁来，用智慧和汗水写下了一道神奇的创新等式：“技术创新需要与设备交朋友”“其实技术诀窍就是简单的岗位操作，天天练，反复用，千百次的重复就成为你的技术诀窍”。只有激励更多劳动者特别是青年一代走技能成才、技能报国之路，建设一支又一支知识型、技能型、创新型劳动者大军，才能为创新创造提供雄厚的人力资源保障。

## 主题阅读

### 从农民工到专家职工

巨晓林，男，汉族，1962年9月生，陕西省岐山县人，2008年9月加入中国共产党，1987年3月参加工作，高中学历，高级技师，全国创先争优优秀共产党员，全国劳动模范，全国五一劳动奖章获得者，中华技能大奖获得者。

巨晓林身上总带着三件宝：图纸、工具书、笔记本。有一年中秋节，工地放假半天，他和工友们出去逛街采购生活用品，同伴走着走着却不见了巨晓林踪影。大家一边喊他、一边找他，只见巨晓林正蹲在一个摩托车修理摊位前看人修车，向修车师傅请教汽油机的工作原理。跟他同住一个寝室的工友回忆起那时的情景，感慨万千：“老巨学技术那叫玩命，每天他比别人早一个钟头起床，晚一个钟头睡觉。不管多么辛苦，他一点都不放松。他的枕头下面藏着一个小闹钟，他恨不得一天当成两天用。”老巨淡然一笑：“在那个年代，我一个农家子弟能找到这样的工作很不容易，所以，我非常珍惜和热爱这份来之不易的工作机会，从一开始就暗暗下决心要干好。”巨晓林就是凭借这股钻劲，攻破了一个个难题。他白天在施工中跟着师傅学，晚上放下饭碗又撵着师傅问，就连师傅喝茶聊天的时候，他也蹲在一旁，不厌其烦地问些接触网安装的技术要领。至今，他记了几十本读书笔记和施工日志，熟练掌握了接触网上下部施工技能，并具有解决接触网施工中的复杂问题和指导本工种高级工技能操作的能力，成为全国铁路电气化施工行业出类拔萃的能工巧匠。

正在检修接触网的巨晓林

参加工作以来，巨晓林先后参加大秦线、京郑线、京沪线、京秦线、哈大线、石太线等几十项国家铁路重点工程建设。他先后研发和革新工艺工法43项，创造经济效益600多万元；他编撰的《接触网施工经验和方法》一书，在被称为我国电气化铁路建设“国家队”的中铁电气化集团中作为职工职业技能教育教材被广泛使用，并作为实用型工具书配发给每一位接触网工指导施工作业。

**思考：**谈谈你对巨晓林立足一线、岗位创新的认识。

巨晓林发自内心地对工作的热爱，几十年如一日地把工作当事业，把付出当追求，拼搏奋斗、进取创新，实现了从一名农民工到“专家职工”的跨越，造就了闪光的人生。他说：“干得好，才能受尊重；有本事，就有地位。只有对企业忠诚热爱，才能有超常发挥。爱能创造希望，爱能实现人生梦想！”当前，我国已是工业大国，但还不是工业强国。只有真正成为创新型国家，“中国制造”才具有更强的国际竞争力。让创新的火花闪烁，时代呼唤更多的巨晓林！

### （五）淡泊名利

“淡泊明志，宁静致远”。淡泊名利是中华民族的传统美德，是做人的崇高境界。内心淡泊有静气，才能以宽阔的胸襟从容地面对得失进退。劳动模范的业绩与淡泊名利的崇高精神密不可分。许多劳动模范几十年如一日，默默耕耘、奋斗不息，更在意自己对国家和社会的贡献，淡泊自己的名利，脚踏实地，为国家和社会做出了重大贡献。只有把功利思想放下，以平常心对待“名”，以淡泊之心对待“位”，以知足之心对待“利”，以敬畏之心对待“权”，以负责之心对待“事”，才能一心考虑如何办好实事的问题，从而在自己的岗位上发挥最大价值。

## 主题阅读

### 筚路蓝缕，一把算盘造潜艇

30 年之后，面对 170 名潜艇官兵，62 岁的核潜艇总设计师黄旭华或许会回想起，自己前往北京开会的那个下午。

那是 1958 年的一个春天，32 岁的黄旭华连行李都没带就前往北京。到了北京才知道，这次的任务是研制核潜艇。

核潜艇是大国重器，肩负着保护核武和实现二次核打击的重要任务。某种程度上，核潜艇的战略意义甚至在航母之上。正因如此，核潜艇被军事大国纷纷列为顶级机密。中国的核潜艇事业是真正地从零开始。

“共和国勋章”获得者黄旭华

顶尖的科研难度，意味着严苛的保密要求。年轻的黄旭华很清楚，“保密”这两个字意味着什么。他没有来得及跟父母家人告别，就仿佛人间蒸发一般，从亲友们的身边消失了。

黄旭华和战友们从此在一个荒凉的小岛上扎了根。为了保密，岛上不通邮，不通电话，只有经过伪装的民船偶尔会靠岸送给养和信件。每次父母来信，问得最多的就是到北京去干什么工作？在北京哪一个单位？面对父母的关心，黄旭华只能在夜里对着信纸发呆。

黄旭华出身医生家庭，如果没有意外，他本来也会成为一名医生。但在躲避日军飞机轰炸时，他忽然意识到，自己就算当医生，一辈子又能救活多少人？而日本侵略者轻易就能炸死成百上千的国人。于是黄旭华发誓，一定要造出最强大的武器来保卫自己的国家，这才投身船舶事业。

然而核潜艇的研制何其艰难？一艘核潜艇的发电量，可以满足一座中等城市的照明用电。艇内仅控制阀门就有一万多个，各种仪表达到几千个，制造工艺之复杂堪比登天。但黄旭华和团队的成员们缺乏计算机支持，只能靠手里原始的算盘与计算尺，与这些天文数字展开激烈的战斗。

在广大科技工作者的忘我付出下，1964 年，我国研制出第一艘核潜艇；1970 年，我国第一艘核潜艇试航。1974 年，我国第一艘核动力潜艇交付海军使用。这在世界核潜艇史上也是罕见的高速度，中国成为继美、苏、英、法之后世界上第五个拥有核潜艇的国家。

弹指间，30 年过去了。1988 年 4 月，我国核潜艇研制工作迎来了一个关键的日子。新型号核潜艇在交付海军使用之前，必须按设计极限在南海进行深潜试验。

极限深潜试验吉凶难料，谁也不敢保证这个未知的领域是否会发生意外。“也许我告别，将不再回来……。”在深潜试验誓师大会上，战士们纷纷拿出自己的遗书，唱起了《血染的风采》。潜艇官兵们以参加此次深潜试验为荣，并报以牺牲的决心。但让人们没有想到的是，62 岁的黄旭华当场宣布，要与大家一起下潜。

“我是总师，我要对核潜艇负责，对艇上 170 名同志负责……。”为了稳定大家的情绪，黄旭华带着设计人员和战士们座谈，“《血染的风采》很好听，我也喜欢唱，可这次我们要唱着‘雄赳赳，气昂昂，跨过鸭绿江’，去把试验数据成功拿回来！”

黄旭华宣布将和大家一起下水后，现场瞬间沸腾了，之前的阴霾一扫而空。黄旭华与全艇官兵成功下潜至极限深度，指挥试验人员记录各项有关数据，成为世界上核潜艇总设计师下水做深潜试验第一人。





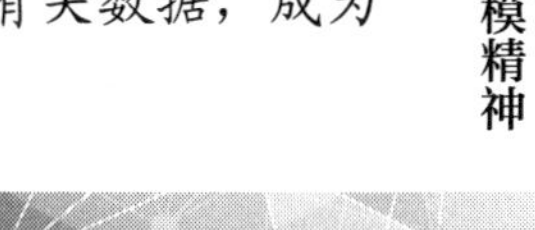

从此，中国核潜艇遨游在蔚蓝的大洋深处，为保卫祖国和世界和平，释放出巨大的震慑力。

南海深潜试验结束后，黄旭华顺道回到广东海丰老家。他的父亲早已离世，他的老母亲盼了30年，再次见到儿子时已经是95岁高龄。有人问黄旭华，“忠孝是不是不能两全？”他回答说：“对国家的忠，就是对父母最大的孝。”

**思考：**请思考黄旭华是如何在淡泊名利中创造不朽的业绩的？

2019年9月17日，为新中国军事装备事业隐姓埋名奉献一生的黄旭华被授予了“共和国勋章”。黄老却说：“这荣誉，不是属于我一个人的。”黄旭华院士的人生，曾一度“赫赫而无名”，但在30年的无声岁月里成就无穷的力量，始终“壮心未与年俱老”，六十多年如一日为中国核潜艇事业倾心竭力奉献。以身许国，誓干惊天动地事；潜心科研，甘做隐姓埋名人。黄旭华的“深潜人生”，正是淡泊名利、无私奉献的生动体现。

### （六）甘于奉献

“甘于”是指愿意、乐意、情愿；“奉”是指给予；“献”是指不求回报。甘于奉献是指为了维护社会集体或他人利益，个人能够自觉地让渡、舍弃自身利益的高尚品格。奉献是一种美德，奉献是不计报酬的自愿付出。我为人人是奉献的实质，自我牺牲是奉献的核心。

托尔斯泰说：“人生的价值，并不是用时间，而是用深度去衡量的。”只有将自身的命运和祖国的命运紧密相连，在为国家富强、民族复兴的过程中奉献自己的力量，才能体现生命的真正意义。“尽吾志也，可以无悔矣。”每个人的社会分工不同，能力大小各异，但只要甘于奉献，都能够为国家和人民做出不平凡的贡献。

## 主题阅读

### “大眼睛”护士在金银潭留下“天使印记”

“说星星漂亮的人，是因为没有看过护士的眼睛。”武汉金银潭医院病人眼里的“大眼睛天使”，名叫陈贞。她是华东医院外科重症监护室护士长、上海第一批援鄂医疗队队员。

工作中，戴着口罩的她，一双温暖而刚毅的“大眼睛”给人印象深刻，让许多一时还不知道她名字的病人，都亲切地称呼她为“大眼睛”护士长。

“大眼睛”护士陈贞

小年夜，当听到医院需要派员驰援武汉的消息，陈贞是护理人员中第一个报名的。大年夜的暮色时分，陈贞匆匆赶回家中准备年夜饭。但第一批出征的命令提前了，为一家人准备的年夜菜还炖在煤气灶上。同是医务人员的爱人也还在医院值守，时间紧迫，顾不得犹豫。对正在备战高考的儿子简短叮嘱了几句，陈贞就拿起行李出发了。本应阖家团圆的一顿年夜饭，只留下了儿子一人“独享”。

子夜时分，援鄂医疗队到达武汉。经过短暂又紧张的各项培训，陈贞即刻投入武汉收治新冠肺炎患者最多的定点医院——金银潭医院ICU病房的工作。此时此刻，她又多了一个新的身份——第一批援鄂医疗队临时党总支第七党支部书记。

进驻后，陈贞所在的金银潭医院三楼ICU病区有6个病房。作为党支部书记、护士长，她把挑战留给了自己。一人负责2个病房6名患者，其中还包括了3名重症患者。这样的护理量对于常规监护室配比都算一个极限的安排，更何况还是在传染隔离监护病区里。然而，陈贞需要面对的挑战绝不止这一个，为防止院内感染和新冠病毒外泄，原本由护工承担的工作，全部压在了护士身上。除了做好医疗护理，还有繁重的生活护理。给病人喂水喂饭，更换尿不湿，处理便溺、剩菜剩饭等都必须按照流程严格处理。

挑战还在不断考验着陈贞和她的队友们。为了防控消毒的需要，在武汉夜晚跌破冰点的温度下，病区不能开启空调暖风。为了尽可能节约使用防护服，喝水、上厕所的时间只能一等再等。面对病区中28名中重症确诊患者，陈贞带领护理团队的姐妹每天从出门开展工作到进门休息，穿着层层防护服、隔离衣、佩戴紧紧贴合的防护口罩、护目镜，一干就是十多个小时。

在忙个不停的同时，陈贞还要尽可能舒缓病人的情绪。有病人问：怎么什么活儿都是你们来啊？她却微笑着淡然地说，可能因为过年，人手不太好找吧……陈贞说，一直在重症监护室工作，没有接触过这样的传染性疾病，但她真的没有觉得害怕。

结束一天繁忙的工作，当陈贞脱下防护服，摘下口罩，汗水和几道深深的勒痕留在脸上，局部甚至还有不同程度的皮肤压伤破溃。但这位平时爱美的护士长丝毫没在意，依然露出自信的笑容，这是最美的素颜。大家笑称为这是“大眼睛”护士长的“天使印记”。

2020 年 10 月 23 日，陈贞被中央文明办、国家卫生健康委员会评为“中国好医生、中国好护士”抗疫特别人物；2020 年 11 月 24 日，被表彰为 2020 年全国先进工作者。

**思考：**如何在实现自我价值中做出奉献？寻找你身边甘于奉献的最美劳动者，谈谈你的感悟。

比星星更明亮的是“天使的大眼睛”。多少个双休日、多少个节假日，甚至大年夜，陈贞总是让同事们先轮休、与家人团聚，而自己却默默与家人道抱歉：“今天我要加班！你们先吃饭吧，不用等我了。”为了病人们，这位“钢铁天使”将全部精力投入高强度工作中，始终以微笑面对这份神圣的事业，义无反顾，无怨无悔。在疫情防控的紧要关头，陈贞舍小家顾大家，义无反顾地冲向抗疫前线，尽职尽责，坚决保护人民群众的生命安全，为患者带来了温暖和希望。

## 2.3 践行劳模精神

回顾历史，在党的领导下，我国工人阶级和广大劳动群众与祖国同成长共奋斗，各条战线英雄辈出。无数劳动模范以高度的责任感和忘我的拼搏奉献鼓舞广大群众，带动群众锐意进取、艰苦奋斗，推动了我国经济社会发展，形成了伟大劳模精神。我们广大劳动群众要更加紧密地团结在党中央周围，在有机会干事业、能干成事业的新时代，主动作为，弘扬劳模精神，做守本分、有追求、讲作风、担使命、有境界、有修为的劳动者，为全面建设社会主义现代化强国、实现中华民族伟大复兴的中国梦做出新的贡献。

## 一、守本分，爱岗敬业：尽职尽责、尽心尽力做好本职工作

### （一）要恪尽职守

尽职尽责、尽心尽力做好本职工作，是一个人应有的职业操守，也是每一个劳动者应该做到的基本要求。“如果你是一滴水，你是否滋润了一寸土地；如果你是一线阳光，你是否照亮了一分黑暗；如果你是一颗螺丝钉，你是否永远坚守你的岗位。”无论在什么样的岗位，发挥自己的最大潜能，就能做出最大的贡献。

**主题阅读**

### 送快递送成全国劳模

2020 年全国劳动模范和先进工作者表彰大会在北京人民大会堂举行，会上有很多来自普通岗位的劳动者，他们从一线走来，站上了领奖台，快递小哥宋学文就是其中之一。“80 后”的宋学文，来自内蒙古自治区赤峰市，2011 年成为快递员，一干就是近 10 年。

岗位虽然很平凡，但是宋学文没小看，留着心地去钻研。在自己的配送范围内，有上百家公司，宋学文一边送快递一边摸清情况。一段时间下来，附近公司的情况他就了如指掌，哪家公司搬走了，哪家公司搬来了，甚至员工的名字，上下班的时间他都记得清楚。

有了这些基础，宋学文又摸索出一套独创的配送方式：上午，宋学文按照体积大小码放货品，大件在下，小件在上，紧急的往显眼处放；下午，他再按照收货公司、收货人的下班时间，把下班早的放上面，下班晚的放下面。他还定期统计，分析客户需求，掌握特殊情况，总是梳理货物轻重缓急，再决定装车方式和配送路线。看似普通的活，宋学文却比别人跑得快，送得稳。

就这样，宋学文坚持了 10 年。32 万余千米、30 万件包裹，零误差、无投诉、无安全事故，被他服务过的客户都为这位小伙子点赞。五星好评不用求，人们主动给他打分。功夫不负有心人，十年的辛勤劳动，也为宋学文赢来很多荣誉。2017 年，宋学文获得全国五一劳动奖章，更让他激动的是，2019 年国庆阅兵时他代表一线劳动者加入“美好生活”阅兵方阵，代表数百万快递员走过了天安门。

开着快递小车的宋学文

如今，宋学文从快递员升任营业部站长，像师傅一样带着17个兄弟，他依然不忘初心，勤勤恳恳。疫情期间，宋学文和手下的兄弟们坚守岗位，米面粮油、医疗用品……一件件送到居民手中。小区进不去，有时大家要守到很晚才能送完，宋学文等到所有快递员下班后才离开。“今年情况特殊，人手更紧缺，这个时候能顶上的就尽量顶上，咱不能在这个时候掉链子！”

成为全国劳动模范，宋学文感慨万千。“作为一名普通的劳动者，获得这项殊荣，我特别激动，能代表400万快递小哥获得这项荣誉，更是特别的兴奋。虽然说我们的工作很辛苦，但是得到客户和社会的认可，我觉得这是最难能可贵的。希望在接下来的工作中，把我的一些积累的经验和其他小哥的一些工作方法传递给更多的人，让他们有速度更有温度地为客户服务。”

**思考：**“在最平凡的岗位上把自己的价值发挥到极致。”这是宋学文对快递员工作的理解，结合自己的工作，宋学文的经历给你的启示有哪些？

像宋学文一样用心去干，人生没有天花板。无论在哪个岗位，从事什么工作，都认真对待自己的工作岗位，对自己的岗位职责负责到底，像“螺丝钉”一样，牢牢地“拧”在那里，守住那个岗位，做好那份工作，会使自己的劳动潜能得到充分的挖掘和激发。正如被称为新时代“时传祥”的北京环卫集团固废物流公司清运三中心驾驶员、全国劳模孙志宝所说：“我们要永远向时传祥看齐，简单的事情重复做，重复的事情认真做，认真的事情创新做。”这样时传祥所倡导的服务、奉献、创新精神就不会改变。

## （二）要干一行，爱一行

劳动没有高低贵贱之分，一切劳动，无论是体力劳动还是脑力劳动，都值得尊重和鼓励。习近平总书记指出：“无论从事什么劳动，都要干一行、爱一行、钻一行。在工厂车间，就要弘扬‘工匠精神’，精心打磨每一个零部件，生产优质的产品。在田间地头，就要精心耕作，努力赢得丰收。在商场店铺，就要笑迎天下客，童叟无欺，提供优质的服务。只要踏实劳动、勤勉劳动，在平凡岗位上也能干出不平凡的业绩。”

劳动者投入各个工作岗位，也许有部分人起初对自己所从事的工作不太感兴趣，但只要在岗，我们就要培养自己对所在工作岗位的兴趣，干一行、爱一行，尊重自己的岗位的职责。习近平总书记指出：“三心二意、心猿意马，是不能把工作干好的”“心浮气躁，朝三暮四，学一门丢一门，干一行弃一行，无论为学还是创业，都是最忌讳的”。虽然，我们各自的岗位职责有大小之分，但是我们对工作的热爱之情应当无分别。

**主题阅读**

### 原本不喜欢公交行业，却成为行业模范标兵

1981年，19岁的李素丽，梦想着成为一名播音员，她报考了北京广播学院（现中国传媒大学）却以12分之差失之交臂。在当公交司机的父亲的影响下，李素丽成为一名公交车售票员。面对理想和现实之间的巨大落差，李素丽想，“虽然没有成为播音员，但车厢也是一个小舞台，岗位不同，但都是为人民服务。”就这样，李素丽将对播音的热情转移到工作中，凭着一股执着劲儿，业务水平很快变得出类拔萃。

李素丽当时所在的21路公交车，是北京最繁忙的公交线路之一，售票员的工作量特别大。但李素丽却仿佛不知疲倦似的，乘客们看到的，是她一直洋溢着热情的笑脸；听到的，是她温柔亲切的问候。遇到老人，她赶忙下车搀扶；看到穿着长裙的姑娘，她提醒小心不要踩到摔倒；碰到小孩子没有座位，她就拿出小坐垫，让孩子坐在售票台上……。

李素丽所在的车上，总是干干净净明亮整洁的，那是她每天提前2小时到岗、里里外外收拾好的成果；在行车过程中，她给乘客讲沿途的风景，讲北京城的历





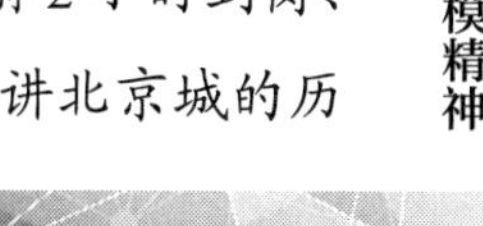

史文化，讲当下的新闻，听得大家津津有味。为了更好地服务乘客，李素丽还自学了英语、哑语、心理学……李素丽说："这小小的车厢，我把它当做一个家去营造它，每一个上车的乘客都是我的亲人朋友。"

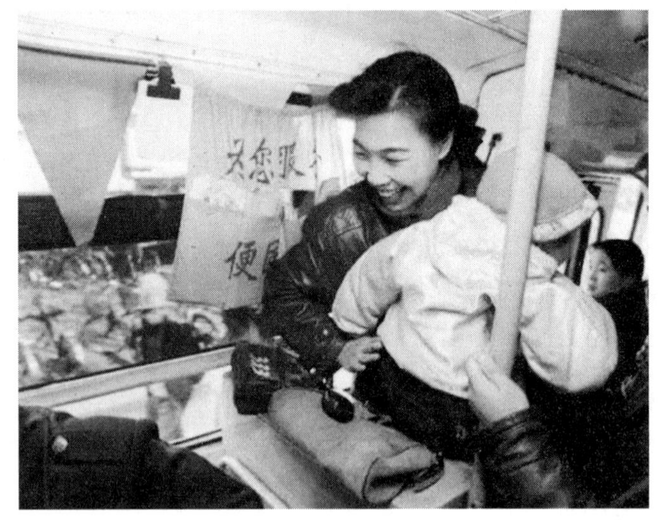


为乘客服务的李素丽

李素丽凭借着她真诚的服务获得过全国五一劳动奖章、全国三八红旗手、首都楷模、全国劳动模范等荣誉称号。2019 年，李素丽获得"最美奋斗者"荣誉称号。

**思考：**在原本不喜欢的行业工作，李素丽凭借着她真诚的服务成为行业标兵，她的经历给你的启示有哪些？

"公交车有终点，服务没有终点。"每一位劳动者对自己工作的热爱也没有终点。爱一行，才会干好一行，才会有职业归属感、使命感，才会跳出只为生计而谋的局限，才会把这份职业当作事业来看待、去追求。李素丽将乘客当作亲人般地贴心照顾，而乘客的回应也如涓涓细流温暖着她。经常有大爷大妈拿着泡着枸杞胖大海的保温杯、用屉布包着李素丽最爱吃的窝头，等在 21 路公交的站点，隔着窗户递给她……李素丽说："卖了 18 年票收获的是满满的感动，我现在看到公交车，都恨不得再去卖两圈票。"

### （三）要干一行，钻一行

干事创业，不但要有工作热情，而且需要不断钻研，提高工作能力。面对日新月异的科技发展和激烈的企业竞争，具备过硬业务素质的劳动者才能在岗位上立足。习近平总书记指出："一切劳动者，只要肯学肯干肯钻研，练就一身真本领，掌握一手好技术，就能立足岗位成长成才，就都能在劳动中发现广阔的天地，在劳动中体现价值、展现风采、感受快乐。"广大劳动者一是要认真学习业务知识，"要立足岗位学，向师傅学，向同事学，向书本学，向实践学"，不断钻研工作的新思路、新方法，掌握新技能、增长新本领；二是要沉下心来干工作，不能"当一天和尚撞一天钟"，不能有得过且过、凑合应付的思想，要心无旁骛钻业务，做到知行合一、学用结合、学以致用，努力成为胜任本职工作的"行家里手"。

**主题阅读**

## 基层农民工用一砖一瓦"砌"出劳模路

杨云2011年参加工作，如今，他已经从一名基层农民工成长为班组带头人，并在2017年荣获全国五一劳动奖章，2020年被评选为全国劳动模范。

刚开始接触泥瓦工，只能做些提灰桶、递工具的杂活。"看师傅做得多了，心里觉得砌墙和抹灰也并不难。"然而，第一次尝试独立砌墙时，还没砌好墙就倒了。那时，杨云才明白，看似简单的砌墙、抹灰，这其中也有不少学问。

在班组里，杨云是出了名的爱钻研。一位工友表示，常常看到他在施工图纸上比比画画，最开始大家都不解，并不复杂的图纸哪里需要研究那么久。而当看到图纸上每一个符号、每一个数据都被进行了精准解读的记录后，大家从不解变成了佩服。

正是因为善于钻研，杨云在工作中发明了很多机械设备，革新传统工艺，不仅提高了工作效率，还为公司项目部累计节约了上千万元的成本。

"劳动是光荣的，为他人的幸福而劳动是我的人生追求。"杨云说，自己一直坚持"人凡事不凡"理念，只要踏踏实实做事，兢兢业业工作，平凡的岗位也会创造不平凡的成绩。

**思考：**结合自己的工作谈谈怎样做到"事不凡"？怎样"砌"出自己的劳模路？

在全面建设社会主义现代化强国新的伟大征程上，每一位劳动者都不可或





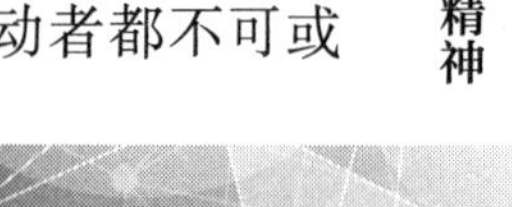

缺，每一份事业都有宽广舞台。“心心在一艺，其艺必工；心心在一职，其职必举。”“百职如是，各举其业”，定能汇聚成无往不至的磅礴力量，将党和人民的事业不断推向前进。

## 二、有追求，争创一流：不断超越、积极创造优异工作业绩

新时代，我们每个人要有争创一流的魄力，无论做什么工作，都要学习劳模拿出争上游、创一流的劲头，不干则已、干就干好的志气，不断激发动力、活力和勇气，走在前列，干出成效，做出新亮点。

### （一）不断树立高远工作目标

“如果一个人活着不知道他要驶向哪个码头，那么任何风都不会是顺风。有人活着没有任何目标，他们在世间行走，就像河中的一棵小草，他们不是走，而是随波逐流。”目标之高低，往往决定着成就之大小。

2020 年 11 月 2 日，湖南省衡阳市衡南县清竹村，经测产专家组评定，袁隆平团队研发的杂交水稻双季亩产突破 1 500 千克大关。“这意味着每亩可以多养活 5 个人，也意味着离我的‘禾下乘凉梦’更近了一步！”听到测产结果，袁隆平非常激动。为了实现这个梦想，50 多年来，袁隆平不辞辛劳，始终耕耘在农业科研第一线。从大海捞针般寻找天然雄性不育株野生稻，到开展超级杂交稻攻关，“追求高产更高产”的目标从未改变，一步一个脚印，袁隆平助力中国人牢牢把饭碗端在自己手里。

“再仔细一点点，离 1 微米的精度就能更近一点点！”为了更好应对每一次挑战，陈亮为自己立下了这样一条工作准则。失之毫厘，差之千里。二十年如一日，滨湖“80 后”小伙儿陈亮在加工模具的精度上“较劲儿”，把“一微米”精度淬炼到质产、量产，从一名粗模具加工铣工成长为全国劳模。

树立一流工作目标，才能对自己的工作精益求精，才能激发自己的无限工作潜能，有目标就有压力，有压力就有动力，有动力就有毅力，只要能坚持朝更高的目标前进，就会获得成功。在实践中，工作目标的设定应遵循以下 4 个原则：一是目标适中。要正确认识自己，结合自身特点，提出恰如其分的目标。目标过高，脱离了实际，会因好高骛远而招致失败；目标过低，不用努力就能实现，也失去了目标存在的意义。二是目标积极。目标要符合自己职业生涯发展，

考虑内外环境需要，符合单位需求，符合社会发展规律。三是目标具体。要明确规定“达到什么程度”“做多少”“做成什么样子”等，越具体，越能促进自己的行动。四是目标多层。要短期和长期目标配合恰当、局部和整体目标有机统一。

### （二）不断拓展广阔工作视野

“欲穷千里目，更上一层楼。”争创一流业绩就要拓宽视野。一是不能局限于本单位本系统范围，必须跳出本单位本系统来看自己的工作。二是不能局限自己原有状态，不能仅仅满足于自己跟自己比。三是要勇于走在前列，要具有世界的眼光和开放的思维，在更大范围、更高层次上找座次、定坐标。

## 主题阅读

### 中国水底隧道开路先锋：穿江越海的追光者

20 世纪八九十年代，当英吉利海峡隧道、日本青函隧道的建设带来了人类地下空间开发的迅猛进步时，中国地下隧道，尤其是水下隧道发展几乎还是空白。

“外国人可以做的，为什么中国不可以？我们的技术差距究竟在哪里？”肖明清回忆担任“万里长江第一隧”——武汉长江隧道总设计师时，国内没有现成经验，只能自己摸索研究，寻求技术突破对策。

4 年工期，肖明清带领团队昼夜值守在施工现场，解决一个接一个难题：首次提出并采用“管片衬砌与非封闭内衬叠合结构”技术；在国内首次提出并采用“大直径盾构通用楔形环管片”技术、“盾构隧道管片接缝双道密封垫防水”技术、“盾构隧道段顶部排烟与底部疏散结合”技术……最终，成功破解了 5 大设计施工难题，取得 10 多项国家专利。

2008 年 12 月 28 日，武汉长江隧道通车运营，标志着中国迎来了“江上有桥、江面行船、江下通隧”的立体过江交通时代。

从担任“万里长江第一隧”——武汉长江隧道的总设计师，到担任当时世界上在强渗透高磨蚀地层中修建的直径最大、水压最高、覆跨比最小的水下盾构隧道——南京长江隧道的总设计师，再到创新解决了深水宽海域隧道建设，成为国内首创、世界首座高速铁路水下盾构隧道——广深港高铁狮子洋隧道的总设计师，肖明清及其团队为打通交通动脉，探寻隧道之光，创造了一个又一个世界级杰出工程。截至2021年年底，肖明清已领衔研究和设计了50多座大型水下隧道。

武汉长江隧道

工作20多年来，肖明清见证着中国隧道建设水平一步步迈向世界先进行列。他表示，随着中国发展强大，要建更多功能更全、品质更好的隧道，隧道技术是无止境的，攻关也永无止境，他仍将不负热爱、勇挑重担。

**思考：**你所在行业的一流标准是什么？怎样成为你所在行业的“追光者”？

百舸争流，千帆竞发，不进则退。竞争的范围从不局限于一班一组、一城一池、一国一地，我们要牢固树立强烈的忧患意识、机遇意识、进取意识和责任意识，拓宽视野，破除瞻前顾后的畏难情绪，激发敢为人先的超人胆识，破除畏缩不前的消极思想，提高攻坚克难的过硬能力，勇于探索，敢于超越，厚积薄发，才能创造出不辱使命、不负韶华的一流业绩。

### （三）保持进取乐观工作心态

千里之行，始于足下。一流业绩要靠我们一步一步脚踏实地地去实现。我们除了要能够识别环境，客观认识自己，了解自己的优势和不足之外，还要在不懈的追求中不断磨炼自己。人生难免遇到生活压力、职业压力、社会压力等，也难免遇到困难和阻碍，失败了没关系，哪里跌倒就从哪里爬起来。

如何摆脱困境，战胜困难？一要乐观。颓废、气馁、唉声叹气、怨天尤人，都于事无补。在一定的环境和条件下，任何事情都是可以转化的，要对未来满怀希望。二要坚强。面对挫折，不懦弱、不退缩；面对挑战，不自卑、不逃避；面对失败，不灰心、不悲伤。要勇于承受痛苦，被人误解，学会忍耐；遭受打击，敢于面对；坚守信念，毫不动摇；迎难而上，不屈不挠。

践行劳模精神，就要在工作中给自己树立高标准、高要求、高起点、高定位，不局限于个人过去的水平，要对照先进找差距，放眼全局定目标，即使困难再大、任务再重、矛盾再多，都要坚定必胜信心和决心，久久为功，知难而进不言难，迎难而上不畏难，想干事、能干事、干成事。

## 三、讲作风，艰苦奋斗：筑牢根基、始终保持奋进精神面貌

人类的美好理想，都不可能唾手可得，都离不开筚路蓝缕、手胼足胝的艰苦奋斗。习近平总书记指出："艰苦奋斗、勤俭节约，不仅是我们一路走来、发展壮大的重要保证，也是我们继往开来、再创辉煌的重要保证。"

### （一）树立正确三观、筑牢思想根基

我们要不断加深马克思主义立场、观点、方法的学习与认识，进一步理解马克思主义历史必然性与科学真理性，明晰自身的奋斗方向，将个人的奋斗与党和国家所处的历史阶段结合起来，找准方向和定位，将艰苦奋斗精神内化为自身的精神风貌。

物质的洪流漫过心灵的堤防，容易使我们忘记了仰望星空，忘记了默观内心，忘记了真正的幸福。物质需要只是我们人类需求的基础，而更高层次的需求应该是精神层面的需求。"奋斗者是精神最为富足的人，也是最懂得幸福、最享受幸福的人。"用生命诠释最美青春的扶贫书记黄文秀曾在驻村笔记中写道："每天都很辛苦，但心里很快乐。"我们要把人生理想自觉融入党和人民的事业之中，树立正确的世界观、人生观、价值观，磨砺品质，从艰苦奋斗中找到人生意义，体现人生价值，实现真正的幸福。正如"杂交水稻之父"袁隆平院士一生最大的梦想不是赚多少钱，而是做一个平凡的种田人。"我毕生的追求，就是让所有人都可以远离饥饿！"在他心里，让老百姓吃一顿饱饭，让中国人民，乃至世界人民不用再挨饿，这是他最想做的事情，在他的眼中，薄田远胜于千亿身价。

### （二）保持昂扬奋进积极精神状态

“有条件要上，没有条件创造条件也要上。”“铁人”王进喜为甩掉中国“贫油落后”的帽子，把北风当电扇、大雪当炒面，用身体当“搅拌机”，用血肉之躯同钢铁和困难搏斗，向生命极限挑战。正是在这种以苦为乐、不向困难低头精神的带动下，广大石油工人克服了无数常人无法想象的困难。困难再多、条件再差、环境再恶劣，只要劳动者有坚如磐石的信念、不畏困苦的斗志、只争朝夕的劲头、坚忍不拔的毅力，就能够战胜困难，创造一个又一个辉煌的业绩。

人生的道路有起有落、有坎有坷，不会总是一帆风顺的，总会遇到逆境，这是不以人的意志为转移的。2013 年前，我国 2 000 吨以上的大型履带起重机全部依赖进口，价格、售后服务等受制于人。造出中国自己的“超级起重机”，是徐工集团高级工程师孙丽的梦想。经过孙丽和团队的大力攻关，4 000 吨级履带起重机在山东烟台成功完成“首秀”，实现了我国在超大吨位履带式起重机研发制造领域的突破，多项技术填补了国内技术空白。“为了这个梦想，我们奋斗了整整 23 年。”孙丽说。遇到了逆境怎么办？是像孙丽一样坚持不懈，勇敢尝试，还是就这么放弃？习近平总书记指出：“在实现中华民族伟大复兴的新征程上，必然会有艰巨繁重的任务，必然会有艰难险阻甚至惊涛骇浪，特别需要我们发扬艰苦奋斗精神。奋斗不只是响亮的口号，而是要在做好每一件小事、完成每一项任务、履行每一项职责中见精神。奋斗的道路不会一帆风顺，往往荆棘丛生、充满坎坷。强者，总是从挫折中不断奋起、永不气馁。”面对难题、困难和挑战，我们要有迎难而上的担当和勇气，有开拓创新的进取意识和斗争精神，在逆境中锤炼意志，在磨砺中锻炼成长，才能把握好自己的命运，才能创造出不平凡的业绩。

### （三）以科学方式为基础苦干实干

工作中，要以科学的方式方法为基础，不怕吃苦、敢于吃苦、乐于吃苦，坚持把每一项工作任务和每一个工作环节做好、做精、做细。

## 主题阅读

### 有“三个不会”的“世界第一人”

胡洪炜是国家电网湖北电力检修班班长，攀爬到 40 多米的高压铁塔上，在烈日下，寒风中，进行温度、湿度、风速、绝缘绳索、软梯、屏蔽服等检测都是他的日常，和他共事十余年的刘师傅曾说："胡洪炜有三个不会：有高空作业不会选择地面作业，有高塔不会选择低塔，有远的不会选择近的。"

高空作业的胡洪炜

2009 年，在国家电网湖北电力超高压公司输电检修中心工作的胡洪炜，要挑战世界上首次 ±800 千伏特高压输电线路带电作业。特高压输电线路上具有超强电磁场，会产生强大的感应电流。没有相应保护措施，稍一碰触便会瞬间化为灰烬，此前是没有人敢触碰的"生命禁区"。伴随着导线刺耳的"滋滋滋"放电声，胡洪炜毫不畏惧，凭借标准的技术动作瞬间进入了特高压直流强电场。"那种感觉，脸上就像是被无数根小针扎，头发像被人用力撕扯。"胡洪炜回忆。在队友的默契配合下，胡洪炜连续精准操作 1 个多小时，试验圆满成功。之后，±800 千伏特高压直流输电技术正式投入应用。胡洪炜成为勇闯特高压带电作业领域的"世界第一人"。

**思考：**胡洪炜"三个不会"的工作信条和"世界第一人"称号之间有什么样的关联？

胡洪炜说："真正的禁区不在于距离，而在于每个人的内心。为了保障万家灯火，再苦再累也值得。"工作中，我们也要以科学方式为基础，冲破内心的"禁区"，始终以艰苦奋斗者的昂扬姿态，锐意进取、自强不息、顽强拼搏去争取胜利。

### （四）生活中要勤俭节约力戒奢靡

习近平总书记指出："节俭朴素，力戒奢靡，是我们党的传家宝。现在，我们生活条件好了，但艰苦奋斗的精神一点都不能少，必须坚持以俭修身、以俭兴业，坚持厉行节约、勤俭办一切事情。"我们每一个人都应勤俭节约，不铺张浪费，自觉远离享乐主义和奢靡之风，抵制拜金主义、享乐主义的侵蚀，养成良好的生活作风和习惯，永葆艰苦奋斗的高尚情操。

## 四、担使命，勇于创新：创新思维、锐意进取、勇于革新攀高峰

世界唯一不变的就是变化，要在瞬息万变的世界舞台中绽放光彩，就要不断创新。习近平总书记指出："生活从不眷顾因循守旧、满足现状者，从不等待不思进取、坐享其成者，而是将更多机遇留给善于和勇于创新的人们。青年是社会上最富活力、最具创造性的群体，理应走在创新创造前列""要创新，就要有强烈的创新意识，凡事要有打破砂锅问到底的劲头，敢于质疑现有理论，勇于开拓新的方向，攻坚克难，追求卓越"。

**主题阅读**

### 人生充满惊叹号的码头工人

包起帆，从码头工人，到技术骨干、企业带头人、物流专家、国际标准的领衔制定者……在众人眼中，包起帆的人生充满惊叹号，而包起帆自己认为，他只是从未在平凡的岗位上画上创新的句号。

正在和同事研究工作的包起帆

1987年4月9日，包起帆凭借"15吨滑块式单索多瓣抓斗"项目获得第15届日内瓦国际发明与新技术展览会金奖。2015年，同一个授奖台上，他再次获得3枚国际金奖。时隔28年，港口生产实现了由人力化到机械化，由机械化到数字化，再到自动化、智能化的数次跨越，他的持续创新和卓越贡献，令主办方都惊诧不已！

而他的发明远远不止于抓斗。他参与开辟我国港口首条内贸标准集装箱航线，参与建设我国首座集装箱自动化无人堆场，积极推进国际首套全自动散矿装卸设备系统的研发，领衔制定了集装箱—RFID货运标签系统国际标准。

上海港是中国航运经济扬帆起航的见证者，而包起帆就是港口生产自动化创新的践行者。40多年来，包起帆连续五届荣获全国劳动模范称号，他带领团队技术创新，获国家发明奖3项、国家科学技术进步奖3项，获巴黎、日内瓦等国际发明展金奖36项。如今，他带领团队仍奋战在创新一线。

哪里不安全，哪里效率低，哪里成本高，哪里质量要提升，包起帆就在哪里动脑筋。从业40多年中，围绕码头自动化、信息化、智能化和节能减排的需求，他的创新版图不断扩大。他提出的公共码头与大型钢铁企业间无缝隙物流配送新模式获得世界工程组织联合会“阿西布·萨巴格优秀工程建设奖”。包起帆团队制定的中国集装箱电子标签相关国际标准——ISO 18186（2011）成为我国自1978年开始参与ISO活动以来，在物流、物联网领域首个由中国发起、起草和主导的国际标准。

抓创新就是抓发展，谋创新就是谋未来。包起帆在岗位上播下创新的种子，更让团队的创新之树根深叶茂。分享成果、共同成长，是包起帆十分注重的团队发展理念。他认为，扎实的团队是创新的基础，对团队的技能培训是关键。

苟日新，日日新，又日新。包起帆践行生命不止，创新不竭。他在工作中坚持创新，就是因为发展的道路上会不断遇到新的问题，需要破除瓶颈，释放活力。包起帆说：“我们艰苦创业需要付出汗水更需要奉献智慧，要以创造性劳动为国家做出更大的贡献，我们要在创新路上继续前行。”

**思考：**包起帆的“人生惊叹号”背后的主要原因是什么？对你有什么启示？

“其实，所有的技术革新都有一个破题、解题的艰难过程。如果浅尝辄止、知难而退，就没有创新的成功。”包起帆的老同事曾说，“关键是面对困难时，你是选择迎难而上，还是退避三舍，包起帆总是选择前者。”

## （一）培育创新思维

人人皆可创新，只要具有创新思维，立足岗位，积极进取，敢想敢做，就能





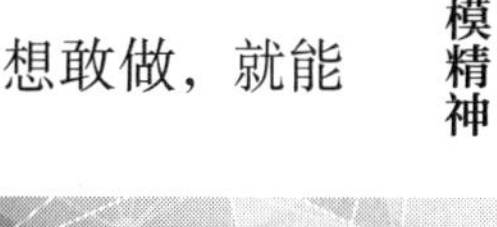

进行不同程度、不同类型的创新。培育创新思维，可以从以下7个方面着手：一是提出问题。爱因斯坦曾经说过，“提出一个问题比解决一个问题更重要。”许多发明创造都源于疑问，能正确地提出问题就是迈出了创新的第一步。二是激发自己的兴趣和好奇心理，保持思考与探究的热情。三是勤奋学习。勤奋学习是促进知识和技能提升的最初动力和基本手段，也是创新的基础。四是攻坚克难。要用难题和艰巨任务逼着自己思考问题。五是求新求变。注重思维超越，敢于突破经验，将已有的知识结构进行调整和重新组合。六是集思广益。创新能力不仅需要个人的智慧，而且需要集聚团队的智慧。七是树立唯物主义世界观。学会辩证思维，密切联系实际，从实际出发，实事求是。

## 主题阅读

### 从开瓶器、千斤顶里找灵感的电缆技术“女掌门”

发现问题、解决问题，是国家电网无锡供电公司职工何光华多年来的习惯。2009年，无锡开始敷设2 500毫米的大电缆，截面有碗口粗，每米重38千克，电缆隧道在地下15米处。在狭小的空间里敷设电缆，电缆接头需要毫米级的精细化处理，蹲在隧道里接电缆一蹲就是七八个小时，腰肌劳损成了施工者的职业病。

“那段时间我一直在思考：怎么能更省时省力地将电缆敷设到位？有一次，工程车在半途爆胎，使用千斤顶更换轮胎时，我突然想到，可以研制一个轻巧灵便、专用于电缆敷设的起重设备！”何光华说。

她迅速设计出图纸，并和团队进行了可行性研究。最终，一个崭新的创新成果——电缆输送液压升降平台诞生了。而与之相配套，适用于电缆敷设、安装的新型电缆弯曲机等一批工器具或设备，都在何光华的“头脑风暴”中诞生。这些成果投入运营后，一组地下电缆施工平均节省成本78万元、可缩短10天施工时间，综合作业效率提升55%。

由于电缆分支箱越来越多地采用结构紧凑的全封闭设计，因而，须先拆除电缆封帽、堵盖，露出金属双头螺杆才能验电，以往变电及线路所用的较成熟的验电、接地工具无法直接使用。但在未验电的情况下，如何安全拆除可能带电的电缆封帽、堵盖呢？

工作中的何光华

“红酒开瓶器给了我启发。”何光华介绍，经过反复试验，她成功研制了由调节手柄、绝缘杆、活动钢抓和套筒头组成的“拆电缆头的操作杆”，使用方法和开瓶器异曲同工，“工作上的创新，灵感有时来源于生活中的触类旁通。”

2022 年，何光华以其主持完成的“高落差高压电缆线路无损施工技术创新及应用”荣获国家科学技术进步二等奖（工人农民组）。何光华说，乐于创新、勤于钻研的精神是她一生的财富。

**思考：**何光华创新的经历中，有哪些方面可在培育创新思维的过程中模仿借鉴？

## 主题阅读

### 九个问题为你开启创新思维

奥斯本检核表法是由创造技法的奠基人、创新过程之父奥斯本先生提出的一种创新方法。这种方法引导人们在创造过程中对照九个方面的问题进行思考，看能否提出创造性构想的方法，以便启迪思路，开拓思维想象的空间，促进人们产生新设想、新方案。

| 序号 | 检核类别 | 检核内容 |
|---|---|---|
| 1 | 能否他用 | 有无新的用途？是否有新的使用方式？可否改变现有的使用方式？ |
| 2 | 能否借用 | 有无类似的东西？利用类比能否产生新观念？过去有无类似的问题？可否模仿？能否超过？ |
| 3 | 能否扩大 | 可否增加些什么？可否附加些什么？可否增加使用时间？可否增加频率、尺寸、强度？可否提高性能？可否增加新成分？可否加倍？可否扩大若干倍？可否放大？可否夸大？ |

续表

| 序号 | 检核类别 | 检核内容 |
| --- | --- | --- |
| 4 | 能否缩小 | 可否减少些什么？可否密集、压缩、浓缩、聚束？可否微型化？可否缩短、变窄、去掉、分割、减轻？可否变成流线型？ |
| 5 | 能否改变 | 可否改变功能、颜色、形状、运动、气味、音响、外形、外观？是否还有其他改变的可能性？ |
| 6 | 能否代用 | 可否代替？用什么代替？有何别的排列、成分、材料、过程、能源、音响、颜色、照明？ |
| 7 | 能否调整 | 可否变换？有无互换的成分？可否变换模式、布置顺序、操作工序、因果关系、速度或频率、工作规范？ |
| 8 | 能否颠倒 | 可否颠倒？可否颠倒正负、正反、头尾、上下、位置、作用？ |
| 9 | 能否组合 | 可否重新组合？可否尝试混合、合成、配合、协调、配套？可否把物体组合、目的组合、特性组合、观念组合？ |

奥斯本检核表法的应用

**第一步：明确问题**
根据创新对象明确需要解决的问题

**第二步：检核讨论**
根据需要解决的问题，参照表中列出的问题，运用丰富想象力，强制性地核对讨论，写出新设想

**第三步：筛选评估**
对新设想进行筛选，将最有价值和创新性的设想筛选出来

**思考：**立足本职岗位，使用奥斯本检核表法，检核讨论并筛选出最优价值和创新性的设想。

### （二）培育担当勇气

“折而不挠，勇也。”“勇”就是要敢想敢干、敢闯敢试，敢为天下先，敢于承担风险与失败，敢于坚持原则，敢于实事求是。勇气就是勇往直前、敢想敢干的神勇气概。创新就在脚下，唯有不懈的孜孜以求、不断探索才能突破创新。

## 主题阅读

### 为火箭飞天拼过命的把关人

总装是火箭诞生前的最后一道关卡，天津航天长征火箭制造有限责任公司总装车间副主任崔蕴就是这道关卡的总把关人。

为了“铸箭”，崔蕴拼过两次命。第一次是为了我国首枚长二捆火箭发射，他的肺部75%的面积被四氧化二氮侵蚀；第二次是为了长征五号火箭，50多岁的他带病要求“为新型火箭再拼一次命”。

直径大了近一倍、95%都是新技术，过去的工具和装配方式已经完全不能满足长征五号的需求。在大家一筹莫展之际，崔蕴运用创新思维，牵头研发出总装自动滚转设备，巧妙破解了大直径箭体内技术工人无法灵活操作的难题，生产效率提高50%以上。

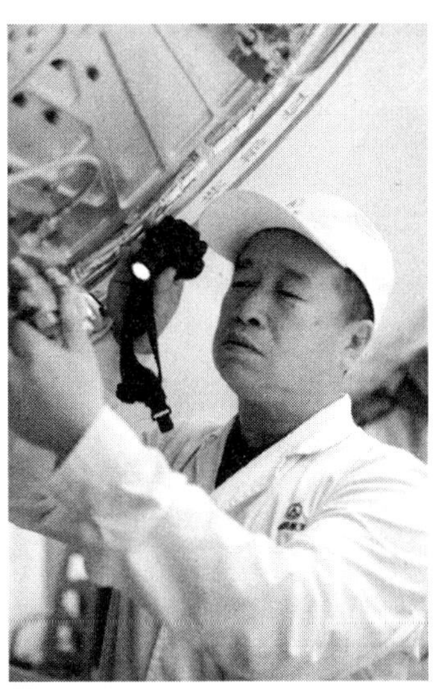

检查火箭零部件的崔蕴

“别人觉得不太可能的事情，我要办成可能；别人认为可能的事情，我要办得万无一失。”40多年来，崔蕴凭着这股“倔”劲，大胆创新，小心求证，充当着火箭总装领域的先行者。

**思考：**如何理解崔蕴在创新之路上的这股“倔”劲？对你有怎样的启示？

马克思说：“在科学上没有平坦的大道，只有不畏劳苦沿着陡峭山路攀登的人，才有希望达到光辉的顶点。”毛泽东也曾说过：“世上无难事，只要肯登攀。”创新之路并不平坦，会遭受挫折，也会遇到各种困难和艰辛。我们不能见到风险躲着走，见到矛盾绕着走，见到困难往回走，要不畏艰难、不怕挫折，抓住机遇，奋发图强，开拓创新。

## 五、有境界，淡泊名利：慎独慎微、滋润涵养清正高尚品格

学成归国的邓稼先，为了国防科技事业的发展，甘愿在漫漫戈壁滩奉献青春热血，名字和身影隐匿世间，直到1986年因病临终前，他那长达28年的秘密经历才得以披露。“这不是我个人的荣誉，而是归于敦煌研究院几代人。”“敦煌的女儿”樊锦诗，曾是风华正茂的北大高才生，却告别恋人和优渥的生活，用大半生年华守护荒野大漠的700多座洞窟。她一向简朴、淡泊名利，这些年所获奖章、奖状、奖金，悉数交回单位。

我国光学界优秀人才蒋筑英和别人共同研究取得的科研成果受到光学界的重

视，被邀请出席学术报告时，他让与他合作的同志去，把荣誉让给别人。他说："我就是一块铺路石，我要做更多的铺路工作。"地球物理学家黄大年为我国"巡天探地潜海"战略填补多项技术空白，他带领400多名科学家创造多项"中国第一"，陆地大功率电磁勘探系统、无人机航磁探测系统、无缆自定位万道地震勘探系统……。尽管能力和贡献早已足够，学校催他申报院士，他却说要把手边的事做好，名头不重要；参加学术会议或讲座，他能一口气准备十几页的材料，可让他填报个评奖材料，却半页纸都写不满。

正如"新时期的铁人"王启民所说："获得国家勋章、国家荣誉称号的每个人都有共同的特点，就是忠诚、执着、朴实。追求'短、平、快'，当不了英雄；想着'名、利、奖'，造不出伟大。"弘扬劳模精神即要学习劳模淡泊以明志、宁静以致远的优秀品德，始终保持高尚情操。

### （一）以平静之心对待自己

要保持高尚的人格和淡泊的心境，常思贪欲之害，常怀律己之心，不为歪理所惑，不为金钱所动，不为名利所诱，有强烈的底线意识，耐得住清贫、守得住寂寞、稳得住心神、管得住行为、留得住清白。心存敬畏、慎独慎微、勤于自省，遵守党纪国法，公道正派、清正廉洁。

### （二）以平常之心对待名利

在价值观多元化的当今社会，需要我们将私欲控制在法纪制度、道德良心允许的范围之内，泰戈尔说："鸟翼系上黄金，鸟便永远不能在天空翱翔了。"把得失名利看淡一些，方能不忘初心、不移其志，心无旁骛努力工作。

### （三）以平稳之心对待事业

要始终保持定力，坚守初心，克服急功近利的浮躁，远离追名逐利的彷徨，不谋一己之得失，而忧事业之兴衰；无论从事什么工作，都要始终做到吃苦在前、享受在后，勤奋敬业、任劳任怨，勇于创新、敢于担当，脚踏实地干出一番事业，成就有价值的人生。

## 六、有修为，甘于奉献：敢于担当、以义为先成就大我人生

"奉献小于索取，人生就暗淡；奉献等于索取，人生就平淡；奉献大于索取，

人生就灿烂”是我国石化技术开拓者——中国科学院院士陈俊武的人生信条。对于每一个人来说，树立和践行奉献精神，不仅是与其所享受的社会权利、社会资源相关的社会责任，更是锤炼道德修养、提升文明素质的重要手段，是实现个人价值的根本途径，是追求幸福人生的必然选择。在“当代雷锋”郭明义心中，无私奉献是承诺，更是集贤令。自他牵头成立爱心团队以来，截至2022年5月共发起超过2 000次的爱心捐款、无偿献血，团队也从最初的几十人，发展到遍布全国的1 400多个分队、240多万名志愿者。

坚守甘于奉献的职业操守，要把国家和人民的利益放在首位，在公与私、义与利、人与我的关系上，始终把前者放在首位，为了国家和人民的利益不计得失，乐于付出，甘愿贡献自己的智慧和力量。“我生在油田，长在油田，从小就知道铁人‘跳泥浆池压井喷’的故事。”大庆油田第二采油厂第六作业区采油48队采油工班长刘丽，从一名采油工成长为专家型人才。“这些年亏欠比较多的就是我的女儿，从小对她陪伴呵护少。”多年来，她舍小家顾大家，倾其所学帮助同事技能提升，累计培训1.5万多人次，其中65人被聘为高级技师、技师。2020年，刘丽荣获全国劳动模范荣誉称号。

广大劳动者要以劳模为榜样，时刻准备着，以民族复兴为己任，把人生理想融入国家富强、民族振兴、人民幸福的伟业之中，勇于担当历史大任，不辱时代使命，不负青春韶华，将使命担当转化为一锤一钉的劳作、一砖一瓦的建设，同时鼓舞身边更多的人投身到新时代伟大实践中，在超越小我中成就大我，成就更有高度、更有境界、更有意义的人生。

## 即学即用

1. 请结合你的理解写出新时代劳模精神的内涵和时代特质。

2. 请说出新时代学习弘扬劳模精神的意义，结合所学内容，思考如何做一名合格的劳动者？如何专精于自己的岗位工作，不断超越自己，达到卓越？如何影响、带动身边更多的人投身到新时代伟大实践中，在超越小我中成就大我，成就更有高度、更有境界、更有意义的人生？

3. 阅读下面的故事，思考并回答问题。

从一窍不通的门外汉成长为公认一流的“服务明星”和全国劳动模范，吴雄飞只用了不到10年时间。2007年转业到合肥燃气集团时，吴雄飞对燃气维修完全





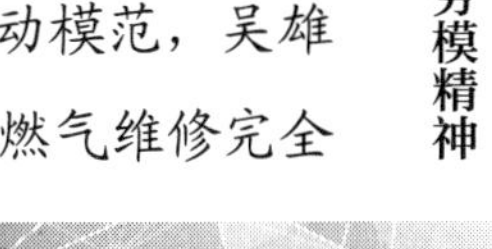

摸不着头脑。他虚心向老师傅请教，主动拜全国劳动模范徐辉为师，利用业余时间加强学习，苦练维修技能。每天下班后，一身疲惫的吴雄飞仍留下来苦练技术，不断练习拆卸和维修灶具。现在，他闭着眼睛都能拆卸灶具。

“一般情况下，把一台燃气灶拆分到不能再拆分的零件，再组装回来，点火成功，需要40多分钟。吴雄飞花了5年把时间缩短为20多分钟。他认为速度还可以加快，就跟我研究每一个环节，一秒一秒地抠时间。现在，他用17分钟就可以完成整套动作。”师父徐辉提起这个徒弟，赞不绝口，“小吴愿意干难活，越难越有钻劲，技术提高很快”。

2013年10月，在安徽省第七届“徽匠”建筑技能大赛燃气灶具维修工比赛中，吴雄飞一举夺魁。他已经成为燃气调压、巡线岗位技能兼备的复合型技工。2014年初，他和师父成立“徐辉、吴雄飞创新工作室”，总结出“五办”“五心”服务模式、“五带一清一讲一签字”规范服务法。除了让自己的技能提升，吴雄飞还喜欢“共享”。他主动承担操作岗位视频教学片录制工作，让更多的员工技能得到提升。

自工作以来，“责任”两字就在吴雄飞心中牢牢扎下了根。每次维修结束后，他都不忘把所有燃气设施检查一遍；只要答应过用户的事，他就会坚决履行承诺，决不推诿。炎炎夏日，他给住户换煤气表时汗流浃背，住户家里的老爷爷见电风扇吹不到他，就拿来大扇子给他扇了半个小时；西园新村的杜奶奶是陕北人，逢年过节就会做饺子、烙饼给他吃……。“我是带着责任工作的，却收获到太多的感动。”吴雄飞真挚地说。

入户检修煤气管道，让吴雄飞看到更多可以为用户做的事，2013年，他成立了“吴雄飞爱心班”，带领成员们积极开展定期志愿服务活动，为数千名燃气用户开展安全检查、灶具维修等服务，还主动与30多位孤老用户结对帮扶，为他们打扫卫生、维修家电等。每逢传统节日，他们都会主动上门服务和慰问，把这些老人当做亲人照顾。

多年来，吴雄飞先后获得全国劳动模范、全国用户满意服务明星、中国好人、合肥市优秀志愿者等多项荣誉。

问题1：吴雄飞的成功有哪些因素在起作用？请分条列出，并说明理由。

问题2：结合自己的工作经历，谈一下吴雄飞的故事对你的启示有哪些？

# 劳动精神

## 学习目标

1. 了解劳动精神的形成发展和时代价值。
2. 掌握劳动精神的内涵。
3. 掌握践行劳动精神的原则和方法。

## 学习导读

### 11次逆行疫区的货车司机

2009年，从部队退役归来的龙兵也“顺理成章”成为一名个体货车司机，这一开就是13年。正是这位看上去十分普通的货车司机，在2020年疫情最严峻的那段时间，11次“逆行”湖北运送物资，成为挺身而出的“凡人英雄”。2021年河南遭遇极端降雨灾情时，他的身影再次出现在救灾一线。“最美逆行者”“最美货车司机”……成为1 700多万货车司机中的“新榜样”后，龙兵拥有了更广阔的平台，也收获了更多关注，不过，见惯风雨的他依然说，“我只是一名普通货车司机。”

龙兵是个热心肠。在他的短视频账号里，分享最多的就是做公益的内容。驾车之余，一有闲暇时间，他就穿上志愿者的“红马甲”，跟着公益组织一起看望慰问孤寡老人、贫困学子。他还主动帮扶了一位贫困学生。或许，这也是他勇敢




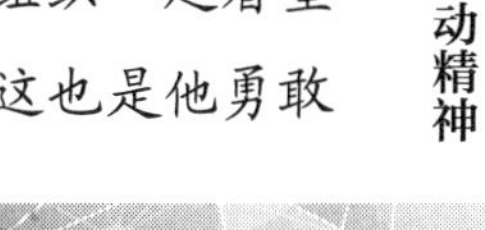

检查汽车的龙兵

“逆行”的原因。2020年2月，正是新型冠状病毒肺炎疫情肆虐之际。一天下午，龙兵所在的物流微信群突然跳出一则消息：“常德当地的慈善组织筹集了20吨新鲜蔬菜，希望尽快送达武汉。”龙兵主动“站”了出来。“当时也没想太多，我就去送一下呗。”再次提起这段经历，龙兵显得风轻云淡。龙兵瞒着家人驶上了高速。从常德到武汉400多千米，一路上，除了检测站，他不下车、不喝水、不上厕所，一直向前。越是接近武汉，货车定位系统的安全提示就越频繁。“说不紧张、不害怕肯定是假的。”紧握方向盘的龙兵沿途收获了满满的感动：上高速前，附近的老乡自发送来了家里的腊肉，让他捎给武汉人民；一个加油站的员工看到他的车是运送爱心物资的，免费提供了水和食物；当地司机看到货车前的横幅，纷纷向龙兵和卡友们鸣笛致谢，沿途的交警也向他们敬礼……前来接物资的志愿者一遍又一遍地对龙兵说：“您辛苦了，谢谢！”准备返程时，一位志愿者跑过来问：“龙师傅，您还会再来武汉吗？”龙兵坚定地回答：“会来！”32天时间里，他驾车进出湖北11趟，为当地群众送去生活和医疗物资300多吨，行程超过1.2万千米。

2021年夏天，龙兵又一次“逆行”了。7月，河南遭受暴雨袭击，多个地区出现洪涝灾害。得知消息后，龙兵驾车前往河南新乡，送去19吨生活和救灾物资。卸下物资后，他留下来和志愿者们一起参与灾区救援，“每天晚上，就睡在车上，因为干活太累，一到座位上就睡着了，睡得很踏实。”

从去货运市场找活的“小黑板时代”，到现在从网络货运平台“拿单子”，13年来，龙兵的驾驶习惯一直没有变，每次上车前，他都会照例检查轮胎、油箱、水箱等。“车子绝不能带病上路，要做到安全有保障。”安全意识已经深植于他的心中，融入他的每个行车细节。跑在高速路上，他的车子总是开得很稳。“开车一定要讲规矩。”龙兵说。

**思考：**龙兵的故事对你有哪些启示？他身上是如何体现劳动精神内涵的？

# 3.1 回溯劳动精神

中华民族的先民们“烁金以为刃，凝土以为器，作车以行路，作舟以行水”，用汗水与智慧开启了灿烂的中华文明。而新民主主义革命以来，凭借一双双勤劳的双手，中国广大劳动者在中国共产党的领导下，自力更生、发愤图强、解放思想、锐意进取，取得了革命、建设、改革的伟大成就，全面建成了小康社会，共同创造着幸福生活。无论是回望历史，还是展望未来，劳动精神始终是中华民族自强不息、顽强奋进的强大精神动力。劳动精神升华于马克思主义劳动观的科学指引，在新时代得到了进一步弘扬光大。

## 一、劳动与劳动精神

劳动是人类社会生存和发展的基础和唯一手段，主要是指生产物质资料的过程，即能够对外输出劳动量或劳动价值的人类运动。马克思认为劳动过程是人满足自己生存和生活需求，使自己获得主体性的过程。马克思主义劳动观指出：第一，人是劳动的产物，劳动创造了人类生存所必需的全部物质条件和精神条件。马克思说：“任何一个民族，如果停止劳动，不用说一年，就是几个星期，也要灭亡，这是每一个小孩都知道的。”劳动是人的生命存在和全部社会活动的前提，作为生命存在的人要解决吃、穿、住的生活问题，必须从事生产劳动，通过劳动改造自然，从大自然中获取生活资料。第二，劳动是人类全部社会关系形成和发展的基础。人们在劳动过程中，一方面同自然界发生关系，另一方面在人们之间又结成了社会关系和生产关系。第三，劳动是促使社会历史发展的根本推动力量。社会发展的最终决定力量不是精神、意志、神灵，而是人的劳动实践。

在马克思、恩格斯看来，人不仅凭借劳动满足最基本的生存需要，实现社会财富的创造和积累，而且人最终也要通过劳动来实现人之为人的自由本质。劳动不但创造了人的物质生活，也充盈着人的精神世界，使人得以成长。马克思把劳动比喻为整个社会都在围绕旋转的“太阳”，将劳动视作创造价值的唯一源泉。劳动光荣、创造伟大，是马克思主义劳动观的基本观点，是对人类文明进步规律的重要诠释。

劳动精神是深深植根于中华民族血脉里的精神基因。中国广大劳动者在继承中华优秀传统文化基因的基础上，在马克思主义劳动价值论指导下，在革命、建设和改革时期的伟大实践中，孕育了中国特色社会主义劳动精神，随着时代的发展，它的内涵不断丰富。习近平总书记多次强调劳动的重要性，他指出：“劳动创造了中华民族，造就了中华民族的辉煌历史，也必将创造出中华民族的光明未来。”

劳动精神是指崇尚劳动、热爱劳动、辛勤劳动、诚实劳动的精神，是劳动者在劳动中展现的精神状态、精神面貌、精神品质。习近平总书记指出，要“引导广大人民群众树立辛勤劳动、诚实劳动、创造性劳动的理念，让劳动光荣、创造伟大成为铿锵的时代强音，让劳动最光荣、劳动最崇高、劳动最伟大、劳动最美丽蔚然成风”。2021 年 9 月，党中央批准了中央宣传部梳理的第一批纳入中国共产党人精神谱系的伟大精神，劳动精神被纳入其中。

## 主题阅读

### 关于劳动的名人名言

1. 毛泽东：社会主义制度的建立给我们开辟了一条到达理想境界的道路，而理想境界的实现还要靠我们的辛勤劳动。

2. 邓小平：珍视劳动，珍视人才，人才难得呀！

3. 李大钊：我觉得人生求乐的方法，最好莫过于尊重劳动。一切乐境，都可由劳动得来，一切苦境，都可由劳动解脱。

4. 邓颖超：真挚而纯洁的爱情，一定渗有对心爱的人的劳动和职业的尊重。

5. 谢觉哉：做事，不只是人家要我做才做，而是人家没要我做也争着去做。这样，才做得有趣味，也就会有收获。

6. 宋庆龄：知识是从刻苦劳动中得来的，任何成就都是刻苦劳动的结果。

7. 鲁迅：“一劳永逸”的话，有是有的，“一劳永逸”的事却极少。

8. 陶行知：在劳力上劳心，是一切发明之母。事事在劳力上劳心，变可得事物之真理。

9. 卢梭：在人的生活中最主要的是劳动训练。没有劳动就不可能有正常的人的生活。

10. 苏霍姆林斯基：志向是天才的幼苗，经过热爱劳动的双手培育，在肥田沃土里将成长为粗壮的大树。不热爱劳动，不进行自我教育，志向这棵幼苗也会连根枯死。确定个人志向，选好专业，这是幸福的源泉。

11. 高尔基：我们世界上最美好的东西，都是由劳动、由人的聪明的手创造出来的。

12. 门捷列夫：天才就是这样，终身劳动，便成天才！

13. 陀思妥耶夫斯基：要想获得一种见解，首先就需要劳动，自己的劳动，自己的首创精神，自己的实践。

14. 雨果：一个专心致志思索的人并不是在虚度光阴。虽然有些劳动是有形的，但也有一种劳动是无形的。

15. 休谟：正是劳动本身构成了你追求的幸福的主要因素，任何不是靠辛勤而获得的享受，很快就会变得枯燥无聊，索然无味。

16. 爱迪生：世间没有一种具有真正价值的东西，可以不经过艰苦辛勤的劳动而能够得到的。

**思考：**古今中外，无数能人志士歌颂劳动，用最美的语言赞美劳动和劳动者，留下了这些有关劳动的名言。哪些劳动名言给你留下的印象最深刻？你有什么感想？

## 二、劳动精神形成与发展

### （一）在中华文明中源远流长：勤劳务实、守正创新

“民生在勤，勤则不匮。”中华民族是勤于劳动、善于创造的民族，是崇尚劳动的民族。劳动精神是中华民族优秀传统文化的延续传承。从“春种一粒粟，秋收万颗子”的耕作，到“子规啼彻四更时，起视蚕稠怕叶稀”的采桑人，再到“江上往来人，但爱鲈鱼美”的捕捞……古往今来的中国人民对劳动的赞歌绵延不

绝。正是因为劳动创造，我们拥有了历史的辉煌；也正是因为劳动创造，我们拥有了今天的成就。从石器时代到农耕文明，劳动工具从石器到青铜器再到铁器，不断升级，劳动对象也在不断发生变化，劳动内涵和方式也不同，但是始终闪耀着劳动精神的光辉。我们的祖先在中国源远流长的优秀传统文化中逐步形成了公而忘私、勤于劳动、互助团结等为内涵的劳动精神。

中国传统劳动精神内涵可以概括为：一是辛勤劳动，艰苦奋斗。自古以来，中华民族就是以勤劳著称的伟大民族，中国最广大的劳动者一直秉承着辛勤劳动、艰苦奋斗的精神。二是诚实劳动，脚踏实地。颜之推在《颜氏家训》中嘱咐家人，不能因为一时的虚伪而丧失诚实，“以一伪丧百诚者，乃贪名不已故也”。中国古人重视“诚信”“守义”，倡导诚实劳动、脚踏实地，不能好高骛远，要实事求是，从自身实际出发，一步一个脚印，踏实做事，本分做人。三是守正创新，注重创造性劳动。马克思主义认为，劳动是创造物质文明和精神文明的动力与源泉，通过劳动可以改造社会、改变世界。墨子是中国历史上第一个提出“知识和实践相结合”的思想家，他强调人们不能仅仅学理论知识，更重要的是把所学知识运用到实践中去，在实践中发挥创造性劳动思维，实现创新。

### 主题阅读

## 中国古代的著名工匠

**隋匠作大师宇文凯：**宇文凯是隋代城市规划和建筑工程专家，他主持建造了隋朝新都大兴城和东都洛阳城，为以后各代都城的建筑树立了范本。隋大兴城占地84.1平方千米，堪称世界第一城。不只是城市建筑，宇文凯还精通水利工程，他开凿的广通渠，全长300余里，连接了大兴城、渭水和黄河，既方便了漕运，又灌溉了农田。

**雷威造琴：**雷威是唐代著名的古琴制作家，雷家世代造琴，他常在大风雪天去深山老林，狂风震树，听树之发声而选良材，这些传说说明了雷威选材的精良。

**名厨伊尹：**伊尹是商汤时期一代名厨，有“烹调之圣”美称。尤其是后来由烹饪而通治国之道，说汤以至味，成为商汤心目中的智者贤者，被任用为相，影响较大。老子《道德经》所讲的“治大国若烹小鲜”便是由此而来。

**石匠李春：**隋代造桥匠师，建造了举世闻名的赵州桥。存世1 500多年、结构奇特、造型美观、居世榜首的赵州桥，凝聚了李春的汗水和心血。李春成为中国乃至世界建筑史上第一位桥梁专家。

**李冰父子：**李冰是战国时代著名的水利工程专家。公元前256年—公元前251年被秦昭王任为蜀郡（今成都一带）太守。其间，李冰治水，创建了奇功。他征集民工在岷江流域兴办许多水利工程，其中以他和其子一同主持修建的都江堰水利工程最为著名。

以“李冰”为主题的邮票

**思考：**你认为中华传统文化中哪些优良传统与劳动精神一脉相承？

历史长河中，中华民族勤于劳动、勇于奋斗，创造出灿烂的文明，历经沧桑而生生不息。中华历史文明中从不缺乏勤劳、务实、创新的劳动人民，正是一代代劳动者传承着中华优秀传统文化中的劳动精神。

### （二）革命战争时期：自力更生、艰苦奋斗

中国共产党自成立之日起，便延续了中华民族尊重劳动和崇尚劳动的精神，围绕“开展革命”这一主旋律，中国共产党人将劳动作为革命斗争的重要手段，以唤醒民众意识，领导人民大众积极投身反帝反封建的伟大斗争。早期中国共产党人就强调劳动光荣、提出了“劳工神圣”的口号。党在各地创办了劳动补习学校、子弟学校、工人俱乐部、图书馆等工人教育机构，如长辛店劳动补习学校、安源路矿工人补习夜校等，向工人宣传革命思想、阐释劳动价值、进行革命教育，培养了一大批工人骨干，壮大了革命力量。这一时期，启发民众觉醒的重要内容，就是要让工人阶级和广大劳动人民认识到劳动的价值，明白劳动是为自己创造幸福、为社会创造财富的道理，与剥削阶级展开斗争，以捍卫自己的权利。

20世纪三四十年代，由于日本侵略军进行残酷“扫荡”、国民党顽固派实施经济封锁和华北等地连年遭受自然灾荒，陕甘宁边区和敌后各抗日根据地在财政经济上日益困难，中国共产党在陕甘宁边区等革命根据地发出“自己动手、丰衣足食”的号召，发起了以劳动竞赛为主要形式的大生产运动，要求部队在不妨碍作战的条件下参加生产运动。陕甘宁边区党政军学人员和群众积极响应号召。除

积极发展农业生产外，各抗日民主政府还开办了许多自给工厂，军队、党政机关、学校也发展了部分自给经济。八路军第359旅开垦南泥湾，成为生产模范，涌现出一大批劳动模范，他们筚路蓝缕、艰苦奋斗，为生产自救、进行革命根据地建设做出了突出贡献。1943年11月，毛泽东在中共中央招待陕甘宁边区劳动英雄大会上的讲话中指出："我们用自己动手的方法，达到了丰衣足食的目的。"大生产运动使各抗日根据地逐步达到了粮食和经费自给、半自给或部分自给，改善了物质生活，减轻了人民负担，密切了军民关系，顺利渡过了抗日战争的最困难时期，为战胜日本帝国主义奠定了物质基础。大生产运动促进了以南泥湾精神为代表的劳动精神的传承与发展、弘扬与光大。劳动精神不仅鼓舞了中国人民在中国共产党领导下取得了抗日战争、解放战争的胜利，更是中国共产党及其领导下的人民军队在困境中奋起、在艰苦中发展的强大精神力量源泉。

## 主题阅读

### 南泥湾精神

《南泥湾》这首家喻户晓、传唱至今的陕北民歌见证了抗日战争时期中国共产党自力更生、丰衣足食的奋斗史。开荒种田近4年，中国共产党战胜重重困难，把荆棘遍野、荒无人烟的南泥湾变成了陕北的"好江南"。

八路军第359旅开荒种地

1941 年至 1942 年，是中国敌后抗战最困难的时期。中国共产党领导的各敌后抗日根据地，既要对付日、伪军的扫荡和清乡，又要和国民党顽固势力的军事包围和经济封锁作斗争。在这样情况下，1941 年 3 月，八路军第 359 旅进驻了作为陕甘宁边区南大门的南泥湾，一边练兵，一边屯田垦荒。正是在开荒过程中，培育和形成了以艰苦奋斗、自力更生为核心的南泥湾精神。

第 359 旅刚开进南泥湾的时候，南泥湾还是一个梢林满山、荆棘遍野、野兽出没、人烟稀少的地方。没有房子住，战士们就露营，在用树枝搭起的简陋帐篷里住，遇到雨天衣服被子被淋湿，就烧火取暖，后搭草棚、打窑洞，解决了住的问题；粮食不够吃，就在饭里掺黑豆和榆树钱，旅团首长带头，冒着风雪严寒，到百里以外的延长等地去背粮；没有菜吃，战士们到山里挖野菜（如苦菜、地皮菜等），找榆树皮，收野鸡蛋，打猎（野猪、野鸡等），下河摸鱼；没有烧的，战士们就打柴烧木炭；穿的很困难，每个战士一年只发一套军衣，平时就缝缝补补，夏天光着膀子开荒、种地、打场，长裤改短裤，短裤改裤衩，裤衩磨破的布条打成草鞋，决不浪费；没有生产工具，他们自己制造；没有耕牛，就用镢头；没有灯油，就用松树明子，或者把桦树皮卷成筒当灯点；缺少学习用具，就用桦树皮当纸，用炭当笔；没有擦枪油，就采集野杏仁榨油代替。部队在困难的时候，节衣缩食；在生产自给有余的时候，仍然勤俭节约，艰苦奋斗。旅首长曾向全旅发出号召："生产要多，消费要省。"1942 年以后，部队虽然已经达到了粮食自给，还是将瓜菜、红薯、山药蛋等掺和在粮食里做"八宝饭"吃，而且每天仍然坚持吃两干一稀。从 1941 年起，部队基本上没有向上级领过被子。战士们被子里的棉絮，早就滚成一团团的疙瘩了，可是发下新被子时，战士们谁也不肯要，说："哪天不打败日本鬼子，哪天就不换被子。"总之，在短短的三年内，第 359 旅发扬"自力更生，艰苦奋斗"的革命精神，把荆棘遍野、荒无人烟的南泥湾变成了"处处是庄稼，遍地是牛羊"的陕北"好江南"。南泥湾由此成为大生产运动的一面旗帜。

**思考：**南泥湾精神对于革命战争时期的劳动精神发展起到了什么作用？

南泥湾精神是民族精神、劳动精神在特定历史条件下的具体体现，是中国共产党和中华民族的宝贵财富和社会主义精神文明建设的重要支柱，在中国革命、建设和改革的过程中发挥了不可替代的重要作用。南泥湾精神具有重要的时代价值，2021 年 9 月，党中央批准南泥湾精神被第一批纳入中国共产党人精神谱系。

### （三）社会主义建设时期：无私奉献、顽强拼搏

新中国成立后，中国共产党人把生产劳动与社会主义建设目标相联系，工农大众是社会主义事业的主要依靠力量，从建设新中国的战略高度肯定劳动者的价值。通过土地改革，世世代代贫苦农民和无数志士仁人梦寐以求的“耕者有其田”的夙愿，终于通过中国共产党领导的土地改革变为现实，极大地解放了农村生产力。搞好自己的工业化基础和基础设施建设，成为新中国建设的紧迫任务。工农业生产经过几年恢复性建设与发展后，党中央及时提出“一化三改”的过渡时期总路线，社会主义工业化是总路线的主体。为此，国家制订并实施了第一个五年计划，集中力量推进156项重点工程建设，于1956年制造出第一辆解放牌汽车、第一架喷气式飞机和第一辆蒸汽机车。“一五”期间，基础工业得到加强，工业布局得到改善，而工业化又带动了城市建设。中共中央、政务院先后发布《关于各级领导人员参加体力劳动的指示》《关于下放干部进行劳动锻炼的指示》等文件，要求党政军各级工作人员定期同工人、农民工参加劳动，群团组织也要积极动员群众融入以面向生产为方针的社会劳动。社会主义建设初期，党要求全体干部参加体力劳动，以保证继续发扬党联系群众、艰苦奋斗的传统。全体劳动者参与、投身到社会主义建设的大生产中，服务于社会主义革命和生产建设，不仅密切了党与群众的联系，而且使社会主义时期劳动精神得到了继承、发展。新中国成立初期，以恢复国民经济为目的的劳动竞赛迅速在国内掀起，工业、农业和商业战线都开展了各种不同形式的劳动竞赛，如农业战线的“爱国丰产竞赛”、商业战线的“六号红旗运动”等。通过开展竞赛活动，调动了生产积极性，促进了国民经济的恢复和发展，并且从根本上提升了“劳动”在人民心中的价值，大力弘扬了劳动精神。

**主题阅读**

## 大庆精神

20世纪60年代初，刚刚成立不久的新中国面临着十分严峻的国际环境。当时我国正处于第二个五年计划时期，经济处于十分困难的境地。在诸多困难中，石油工业落后，国家缺原油是最大的困难。要打破西方国家的经济封锁和军事威胁，就必须自力更生，发展中国自己的石油工业。

大庆是位于我国黑龙江省松嫩平原的一座大油田。1962年2月，大庆工人在

千里冰封的大草原上，在极其困难的艰苦条件下开始油田大会战。大庆工人继承和发扬了我国工人阶级的光荣传统，凭借“爱国、创业、求实、奉献”的大庆精神，仅用三年多的时间就建成了我国第一个现代化的大型石油企业，并结合实际建立起一套严格而科学的管理制度，成为我国工业战线上的一面红旗。为此，毛泽东同志于1964年向全国人民发出了“工业学大庆”的号召。大庆精神是石油战线老一辈领导人和广大石油职工在困难的时候、困难的地方、困难的条件下，发扬劳动精神的集中体现，是中华民族精神的重要组成部分，其中，王进喜是大庆精神的代表人物。

“铁人”王进喜

王进喜是甘肃玉门人，新中国第一批石油钻探工人，全国著名劳动模范。新中国成立后，历任玉门石油管理局钻井队长、大庆油田1205钻井队队长、大庆油田钻井指挥部副指挥。1956年加入中国共产党。1960年3月，在大庆开展的石油大会战中，他以“宁可少活二十年，拼命也要拿下大油田”的顽强意志和冲天干劲，喊出了“有条件要上，没有条件创造条件也要上”的口号，打出了大庆的第一口油井，并创造了年进尺10万米的世界钻井纪录，被誉为油田铁人。铁人精神是王进喜崇高思想、优秀品德的高度概括，集中体现出我国石油工人的精神风貌。2009年，王进喜被评为“100位新中国成立以来感动中国人物”之一。

**思考：**大庆精神集中体现了社会主义建设时期劳动精神中的什么内涵？

大庆精神是我国石油职工学习和运用毛泽东思想，继承和发扬中华民族、中国共产党、中国工人阶级、中国人民解放军的优良传统，在20世纪60年代波澜壮阔的石油大会战中，逐步培育和形成的，并在火热生动的油田生产建设实践中不断丰富、创新和发展。大庆精神蕴含了为国争光、为民族争气的爱国主义精神；





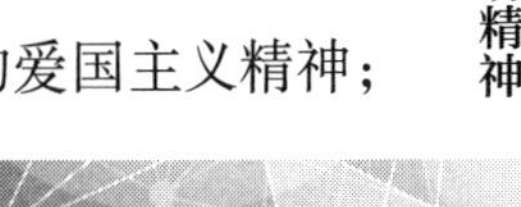

独立自主、自力更生的艰苦创业精神；讲求科学、“三老”（当老实人、说老实话、办老实事）“四严”（严格的要求、严密的组织、严肃的态度、严明的纪律）的求实精神以及胸怀全局、为国分忧的奉献精神。

### （四）改革开放以来：勇于拼搏、开拓创新

改革开放以来，党中央围绕“以经济建设为中心”的基本路线和“集中力量进行社会主义现代化建设”的时代主题，开始迈向建设中国特色社会主义的征程。广大人民群众积极投身到社会主义现代化建设中，经济、文化、社会等各方面飞速发展。邓小平同志指出：“科学技术叫生产力，科技人员就是劳动者。”在新科技革命形势下，劳动的内容和方式也发生了深刻变化，生产劳动的内涵从简单的体力劳动延伸扩展到脑力劳动。社会主义是干出来的，在经济体制改革进程中，工人阶级和农民等劳动群众作为改革的主力军做出了巨大的贡献。改革首先从农村开始，家庭联产承包责任制的施行解放了农村生产力，不仅快速解决了全国人民温饱问题，还极大地丰富了人民的物质生活。随后的乡镇企业蓬勃发展又为富余农村劳动力带来了工作、就业机会，农民工群体为国家城镇化和现代化发展做出了重大贡献。改革开放时期，知识分子也被纳入了工人阶级。在改革开放中，中国共产党始终坚持工人阶级主力军的地位，发挥工人阶级的主人翁作用。实践表明，改革开放时期的劳动精神以劳动光荣、实干兴邦的新内涵，成为社会主义现代化事业的精神标识；聪明才智、辛勤汗水、刻苦耐劳，是中国式现代化道路的力量基石。

**主题阅读**

## “超常付出”的改革楷模

1982 年，郭明义复员到鞍钢矿业公司齐大山铁矿，他始终干一行爱一行，在每一个岗位都取得了优异的业绩。任矿汽运车间大型矿用生产汽车司机时，他创造了全矿单车年产的新纪录；任车间团支部书记时，他所在的支部是鞍钢的红旗团支部；在矿党委宣传部任理论教育干事时，他撰写的党课教案在矿业公司的评比中荣获了一等奖；在车间任统计员时，他参加了统计员资格的全国统考，是矿业公司第一个获得资质证书的人；在矿扩建办任英文翻译时，他以天天最早到、最晚走的敬业精神，赢得外方专家的赞誉，他凭借认真负责的精神，发现 5 台电

动轮生产汽车存在质量问题，为矿里赢得了外方公司 10 万美元的赔偿。

1996 年，他开始担任采场公路管理员，像一颗螺丝钉一样，他把自己牢牢嵌在这个亚洲最大的露天铁矿采场，在异常艰苦的岗位上工作了 20 多年。

指挥生产的郭明义

为了准确了解路况，他把自己的办公室从矿机关移到了露天采场。无论是漫天大雪，还是酷暑严寒，他每天坚持徒步巡检段高落差 200 多米的采场道路，每天都提前 2 个小时上班，双休日、节假日从不休息，累计献工 18 000 多小时，累计走了 70 000 多千米。而天气越是不好时，修路的任务就越重，为了完成紧急工作任务，他被冻伤过耳朵和手脚，还几次中暑晕倒在采场里。

郭明义可不只是个埋头苦干的人，更是一个会干的人。他研制出的采场公路建设新工艺、新技术和新流程，填补了鞍钢的技术空白。主修的高标准采场公路，为企业降耗增效近 4 000 万元。他提出的改矿石破碎站一侧进车为双向进车的建议，一年就为企业降耗 200 多万元；研发的路料配备新方案，大幅度降低了路料的使用成本，获评合理化建议一等奖。

在工作上坚强如铁的郭明义，却有一颗最柔软的心，看不得任何人受苦落难。看到工友的劳动鞋、工作服坏了，他马上把自己身上穿的衣服和鞋子，脱下来换给他。听到职工议论，通勤车老化、食堂饭菜质量不好，他主动帮助向矿里反映，及时解决问题。两名工友的孩子得了严重的血液病，他带头捐款，还发动大家都来捐献造血干细胞，甚至不惜放下面子到职工浴池去给大家搓澡，边搓边介绍捐献的知识，感动得大家纷纷报名参加捐献。仅在齐矿采矿车间的一个班组，30 多名职工中，就有 23 人受到过他的直接帮助。2009 年 7 月，他在鞍钢发起成立了郭明义爱心团队，到 2022 年，已经走向了全国，成为全国有 1 400 多支分队、240 多万名志愿者的庞大的民间志愿服务组织，并像滚雪球般地不断发展壮大。

**思考：**郭明义身上体现了改革开放时期劳动精神的什么内涵？

郭明义是中国千千万万普通劳动者的优秀代表，是改革开放时期最美的奋斗者，他不仅在本职工作岗位上兢兢业业、恪尽职守、不断学习、开拓进取，还积极帮助他人，热心公益。不论获得多少荣誉，不论职务有多高，在他的心中，永远燃烧着为党分忧、为企奉献、为民解愁的热望，始终在平凡岗位上不懈奋斗，他是当之无愧的当代雷锋，是当之无愧的劳动精神的生动实践者。

劳动精神的发展融汇了马克思主义劳动价值观的思想精髓，体现了广大劳动者劳动实践的丰硕成果，继承了中华传统文化的优秀基因，生动诠释了社会主义核心价值观，在劳动人格、劳动权利、劳动使命、劳动实践、劳动成就等方面丰富着内涵。改革开放以来，三峡工程竣工、南水北调、西气东输、“嫦娥”飞天、“蛟龙”潜海……众多劳动者经年累月的辛勤奋斗创造了“中国奇迹”。新时代，劳动的范畴和内涵不断延展，以数字劳动等为代表的新劳动形式不断丰富着劳动精神的内涵。习近平总书记强调，建成富强、民主、文明、和谐的社会主义现代化国家，根本上靠劳动、靠劳动者创造。劳动是一切成功的必经之路。全国各族人民正满怀信心为实现“第二个一百年”奋斗目标而努力，这归根到底要靠辛勤劳动、诚实劳动、科学劳动。

### （五）中国特色社会主义新时代：人民创造历史、劳动开创未来

进入新时代，劳动精神充分肯定了劳动人民的主体地位，尊重和鼓励一切劳动者及他们的劳动创造，使广大人民群众在劳动中感受到幸福感和获得感。另一方面，劳动精神坚持劳动使人幸福的共享理念，通过辛勤劳动可以获得实实在在的利益，更加公平地享有劳动成果。新时代弘扬劳动精神，就是激励广大劳动者积极投身于中国特色社会主义伟大事业建设之中。

问天实验舱成功发射，神舟十四号任务圆满收官；C919 取得型号合格证，

国产大飞机逐梦蓝天；我国完全自主设计建造的首艘弹射型航空母舰福建舰下水……一项项创新成果举世瞩目。新时代赋予劳动精神以新的内涵，崇尚劳动、热爱劳动、辛勤劳动、诚实劳动的劳动精神，是从千千万万劳动群众身上提炼和升华出来的精神气质，是新时代劳动者劳动意识、劳动理念、劳动态度、劳动习惯的集中展示。当前，我们已经全面建成小康社会，正在为实现第二个百年奋斗目标不懈奋斗。立足新发展阶段，贯彻新发展理念，构建新发展格局，推动高质量发展，实现共同富裕，必须大力弘扬劳动精神，高度重视劳动、尊重劳动，贯彻尊重劳动、尊重知识、尊重人才、尊重创造的方针，营造鼓励脚踏实地、勤劳创业、实业致富的社会氛围，引导广大劳动者通过劳动创造美好幸福生活。

## 三、劳动精神的时代价值

党的二十大报告中指出，要在全社会弘扬劳动精神、奋斗精神、奉献精神、创造精神、勤俭节约精神。劳动精神是中国共产党人的精神谱系，是以爱国主义为核心的民族精神和以改革创新为核心的时代精神的生动体现，是鼓舞全党全国各族人民风雨无阻、勇敢前进的强大精神动力。不论时代怎么发展，劳动形式怎么变化，劳动精神永不过时，树立正确的劳动价值观，弘扬劳动精神，创造美好生活是当下中国人的精神追求，也是建立文化自信的一个历史基点。新时代劳动精神彰显了“辛勤劳动、诚实劳动、创造性劳动”的新理念，倡导“劳动光荣、技能宝贵、创造伟大”的时代风尚，生成了一种“劳动者至上、劳动者平等、劳动者可敬、劳动最光荣、劳动最崇高、劳动最伟大、劳动最美丽”的劳动观。

### （一）更加尊重劳动、崇尚劳动

尊重劳动、崇尚劳动是新时代劳动精神的核心要义。首先，崇尚劳动就是要让每一位劳动者认识到劳动的重大价值，树立劳动最光荣的理念。习近平总书记指出：“人民创造历史，劳动开创未来。劳动是推动人类社会进步的根本力量”“劳动是财富的源泉，也是幸福的源泉”“劳动创造了中华民族，造就了中华民族的辉煌历史，也必将创造出中华民族的光明未来”。劳动是一切成功的必经之路。人类是劳动创造的，社会是劳动创造的。劳动没有高低贵贱之分，任何一份职业都很光荣。劳动不仅创造了世界和人，而且创造了人类生存和社会进步必要的物质基础，因此，一切劳动都应该得到尊重。其次，崇尚劳动本质上是崇尚劳动者。劳动的主体是劳动者，劳动的成果也是满足劳动者的需要。因此，不仅要尊重劳动的过程，还要尊重劳动者，尊重和珍惜他人的劳动成果和创造的价值。只要是有益于人民和社会的劳动，都是人类历史发展不可或缺的内容和推动力量，都应该得到承认、保护和尊重。

### （二）更加倡导劳动平等

劳动是公民的基本权利，而劳动平等是维护劳动权利的基本条件和维护劳动尊严的基本保障。首先，劳动平等强调人人平等的劳动机会，即所有的劳动者能够有机会平等地参与劳动，从平等中体现劳动的价值，体现对劳动和劳动者的尊重。其次，所有的劳动没有高低贵贱之分，每一份职业都是光荣的，体力劳动、脑力劳动都值得尊重和鼓励。正如习近平总书记指出的“劳动没有高低贵贱之分，任何一份职业都很光荣”，不论是普通工人、农民所从事的创造社会财富的基础性劳动，还是知识分子的创造性劳动，或是自由职业者的劳动，只要为社会主义事业的发展做出了贡献，都是伟大的、光荣的、美丽的。

### （三）更加提倡创造性劳动

新时代科学技术高速发展，新时代劳动精神更加注重创造性。创造性劳动是以知识、技能、情感的再造为基本特征，以创新、创先、创优为基本表现形式，以促进人的全面发展和社会全面进步为根本目标的劳动。从小处说，一个人取得突出的成就，其中无不包含“创造性劳动”的因子；往大了看，人类劳动由低级形态向高级形态发展，最主要的标志是创造性劳动数量和水平的增长；从一定意义上说，创造性劳动是人类社会发展的根本力量。习近平总书记强调“将辛勤劳动、诚实劳动、创造性劳动作为自觉行为”，进一步凸显了“创造性劳动”的价值。在实施创新驱动国家发展战略背景下，新时代劳动精神更加倡导追求卓越的创新精神，更加倡导创造性劳动。

### （四）更加倡导劳动光荣

习近平总书记强调，要“教育引导青少年树立以辛勤劳动为荣、以好逸恶劳为耻的劳动观，培养一代又一代热爱劳动、勤于劳动、善于劳动的高素质劳动者”。不可否认，新时代的青年成长的物质环境，比父辈要优渥很多，有一些年轻人觉得自己即使不劳动也能过得不错，好逸恶劳，导致劳动观出现了偏差。新时代的劳动精神倡导每个劳动者通过自己的劳动，实现自我价值和社会价值，收获成就感、满足感，在创造物质财富的同时，拥有丰富的精神世界。劳动者可以通过劳动充分发挥自身的积极性与创造性，追求个体幸福，实现自我理想和价值。另一方面，通过劳动磨砺人的意志，培养勤俭节约、勤劳勇敢、艰苦奋斗、坚韧不拔等精神品质。从全社会来看，劳动推动社会进步，人们用自己的辛勤汗水和努力奋斗为推动社会文明进步做出贡献，用自己的劳动成就书写平凡中的伟大，实现个人价值与社会价值的统一。

## 主题阅读

### 战旗村的故事

2022 年 4 月，四川省成都市郫都区战旗村，刚刚收割完地里的早春油菜，战旗村的党支部书记高德敏正忙着组织村民们栽上一茬生菜。料理完地里的蔬菜，高德敏马不停蹄赶往村口。停车场正在整治提升，这是为村里生态旅游的发展而建的配套设施。新改造的高标准农田要加紧通上灌渠，才不耽误晚稻的耕作。对 50 多岁的高德敏来说，忙忙碌碌的每一天已是常态。从小，他就是在这样的氛围中长大的。

20 世纪 50 年代，战旗村的名字还是集凤大队，60 年代全国上下大修水利的时候，这个村因为敢于拼搏、奋勇争先而成为水利建设的一面旗帜，名字也从集凤大队改为战旗大队。辛勤劳动换来的是截然不同的收益，水利工程使田地的排灌能力提高，地里的产量大幅增加。

战旗村党群服务中心

第3章 劳动精神

当年的劳动成果在多年之后仍被村民们津津乐道，那些口口相传的奋斗故事已转化为战旗村人对于“劳动创造幸福”的坚定信念。从改革开放之初，投资建立了全县第一个机砖厂，到2015年敲响四川省农村集体经营性建设用地入市“第一槌”，再到脱贫致富奔小康，战旗村的人们用实际行动诠释了“崇尚劳动、热爱劳动、辛勤劳动、诚实劳动”的劳动精神，也收获了今天的富足和喜悦。

**思考：**战旗村的故事给了你什么启发？

战旗村的故事，正是广大农村劳动者们不懈奋斗，从贫穷走向富裕的一个缩影。2018年2月12日，习近平总书记来到了战旗村。“劳动创造幸福，实干成就伟业。”习近平总书记曾在不同场合多次强调要弘扬劳动精神，强调“人民群众是真正的英雄，社会主义是干出来的”。

# 3.2　理解劳动精神

建立在马克思主义劳动观理论基石上的劳动精神，汲取了中华优秀传统文化中的劳动理念，在中国人民伟大社会历史实践之中形成，在中国特色社会主义新时代中得到了不断丰富和发展。习近平总书记指出，我们要在全社会大力弘扬劳动光荣、知识崇高、人才宝贵、创造伟大的时代新风，促使全体社会成员弘扬劳动精神，推动全社会热爱劳动、投身劳动、爱岗敬业，为改革开放和社会主义现代化建设贡献智慧和力量。新时代劳动者更应该以劳动精神的爱岗敬业、勤奋务实为自身本色，诚实守信、艰苦奋斗为鲜明特色，敢于挑战、勇于创新为时代亮色，在新时代积极践行劳动精神。

## 一、劳动精神的含义与特征

### （一）劳动精神的含义

劳动精神是每一位劳动者为创造美好幸福生活而在奋斗过程中秉持的基本态度、价值理念及其展现出来的精神风貌。2020年11月24日，习近平总书记在全国劳动模范和先进工作者表彰大会上的讲话中指出，在长期实践中，我们培育形成了崇尚劳动、热爱劳动、辛勤劳动、诚实劳动的劳动精神。这是中国共产党第一次明确了劳动精神的内涵。

### （二）劳动精神的特征

劳动精神的特征包含社会性、实践性、历史性、人民性和教育性等特征。其中，社会性是前提，实践性是基础，历史性是保障，人民性是立场，教育性是目标。

1. 社会性

马克思指出，劳动只有作为社会的劳动，只有在社会中才能成为财富和文化的源泉。劳动精神代表的是一种先进的社会文化理念。劳动精神不仅产生于人类社会产生和发展过程中，而且对于人类社会的发展和进步也起到了重要的引领作用。

2. 实践性

劳动是人类特有的基本的社会实践活动，是人通过有目的的活动改造自然对象并在这一活动中改造自身的过程。全部的人类历史是由人们的实践活动构成的。劳动精神的实践性指的是劳动精神是在劳动实践中产生的。劳动本身就是一种实践，劳动精神不能离开劳动实践而凭空存在。

3. 历史性

劳动精神的历史性指的是劳动精神既是创造历史的动力，也是劳动历史的产物。人类在劳动中不断总结经验，凝聚智慧，制作劳动工具，改进生产技术。劳动创造了人类和历史，人类和历史也留下了劳动文明和劳动精神。

4. 人民性

劳动精神的人民性体现的是马克思主义劳动观的立场，展现的是对社会主义、共产主义社会的价值追求。马克思主义劳动观坚持人民群众是社会物质财富和精神财富的创造者，是社会进步的决定力量。

5. 教育性

劳动精神的教育性是指劳动精神既是劳动教育的重要内容，也是发挥劳动自身教育功能的具体表现。进行劳动精神教育，就是要大力宣传辛勤劳动、诚实劳动、创造性劳动的典型人物和事迹，弘扬劳动光荣、创造伟大的主旋律，反对一切不劳而获、贪图享乐的错误观念，营造全社会弘扬和践行劳动精神的良好氛围。





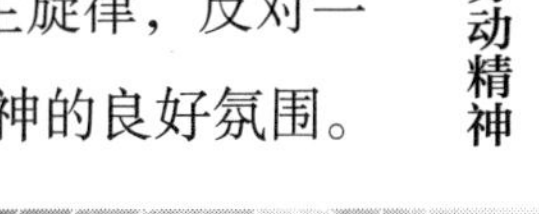

## 二、劳动精神的内容

### （一）崇尚劳动

崇尚劳动是对劳动的价值认同。劳动不仅是人类赖以生存的基础，更是社会发展进步的决定力量。劳动创造了人类生存所必需的全部物质条件和精神条件，是人类存在和社会发展的前提。人们从劳动过程中获得快乐，从劳动果实中赢得尊重。人类之所以发展、社会之所以进步的原动力，就是对劳动的科学认知和矢志传承。劳动是人们生活的第一需要，是人们追求美满幸福的现实基础，我们生活点点滴滴都离不开劳动，人类将种子播种收获粮食、把蚕丝纺作锦缎、把谷物酿成美酒，于是有了丰富的食物和蔽体的衣服。劳动不仅养育我们人类，也创造了我们丰富的人类文明，留下了丰富的物质遗产和精神文化遗产。流传千古的诗歌、生动威武的兵马俑、雄伟壮丽的故宫、蜿蜒曲折的青藏铁路、遨游太空的神舟飞船，这一切无不是劳动的成果。习近平总书记指出，劳动是人类的本质活动，劳动光荣、创造伟大是对人类文明进步规律的重要诠释。无论时代条件如何变化，我们始终都要崇尚劳动、尊重劳动者，始终重视发挥工人阶级和广大劳动群众的主力军作用。新中国成立后，涌现出“铁人”王进喜、“一抓准、一口清”的张秉贵、“高炉卫士”孟泰等一大批典型劳动模范，书写出一首首属于平凡劳动人民的赞歌，改变了旧中国一穷二白的落后面貌。2020 年新型冠状病毒肺炎疫情暴发以来，全国广大劳动者积极投身疫情防控的挑战中，逆行出征、救死扶伤、坚守岗位、复工复产。正是有他们的崇尚劳动精神为引领，才托起了新时代的中国梦，为实现全面建成小康社会、迈向新时代打下了坚实基础。

**主题阅读**

#### 18 枚红手印：见证中国改革的一声惊雷

1978 年 12 月的一个冬夜，安徽省凤阳县小岗村 18 位村民以敢为天下先的勇气，在一纸分田到户的“秘密契约”上按下鲜红的手印：“我们分田到户，每户户主签字盖章，如以后能干，每户保证完成每户的全年上交和公粮，不在（再）向国家伸手要钱要粮。如不成，我们干部作（坐）牢杀头也干（甘）心，大家社员也保证把我们的小孩养活到十八岁。”

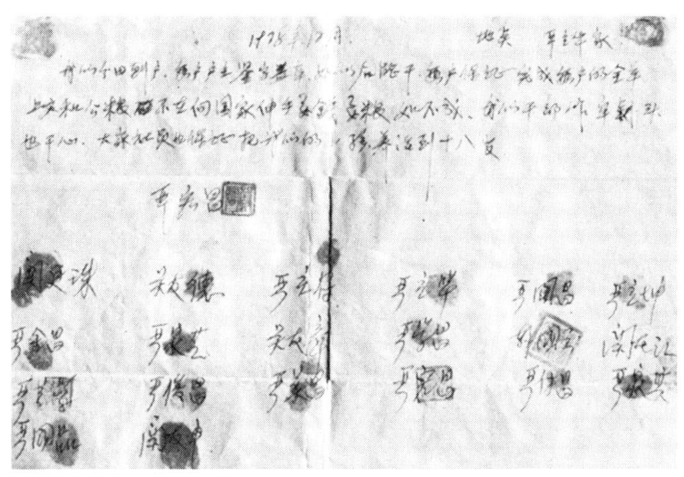

按下鲜红手印的“秘密契约”

那时的小岗村，“吃粮靠返销、用钱靠救济、生产靠贷款”，是远近闻名的“三靠村”，因经常闹灾荒，农民大多外出乞讨。那天晚上，在村民严立华家摇摇欲坠的茅草房里，一盏油灯照亮了 18 个庄稼汉略显亢奋的脸庞。大家有的坐在草垫子上，有的蹲在地上，屋子中间有一张小矮桌，连茶杯都没有。“绝密会议”开了 3 个小时后，严宏昌在一张皱巴巴的纸上写下这份契约，18 位农民以中国最传统的方式按下了鲜红手印。“我们当时就是想活命，作为农民，只能向土地讨生活。”严宏昌说。会议结束后，生产队的土地、农具、耕牛等按人头分到了各家各户，轰轰烈烈的“大包干”由此拉开序幕。而由这 18 枚红手印催生的家庭联产承包责任制，作为中国现代农业的一种生产经营方式，不仅直接调动了广大农民的积极性，还又一次解放了生产力，为中国改革开放的乐曲写下了辉煌的第一乐章。包产到户的第二年，小岗村迎来了丰收季，粮食总产量相当于 1955 年到 1970 年产量的总和，人均收入达 400 元，相当于 1978 年 22 元的 18 倍，结束了全村 20 多年吃国家救济粮的历史，还首次归还了 800 元的国家贷款。

“大包干”的红手印，定格了中国农村改革的起点，唤醒了沉睡的大地。小岗村的星星之火，迅速在全国呈燎原之势。“敢闯、敢试、敢为天下先”，小岗村人闯出了一片新天地。2016 年 4 月 25 日，习近平总书记在小岗村考察时曾感慨道：“当年贴着身家性命干的事，变成中国改革的一声惊雷，成为中国改革的标志。”2018 年，党中央、国务院授予小岗村“大包干”带头人“改革先锋”称号，并颁授“改革先锋”奖章。

**思考：**中国农民是如何用实际行动在不同历史阶段诠释劳动精神的？

当18位农民依次按下自己的手印，改革开放的奇迹随之展开。这些农民为何敢闯敢试、敢为人先？因为他们内心，有对劳动的满腔热忱；因为他们的内心，有对劳动的无限崇敬；因为他们相信，辛勤的劳动一定能换来幸福的生活。

### （二）热爱劳动

热爱劳动是对劳动的情感认同。情感是态度的核心成分。热爱劳动是在对劳动崇尚和追求的基础上，对劳动行为的一种内在选择和情感表达，比崇尚劳动上升了一个新的层次，即对劳动的态度由自在阶段达到自为阶段，表现为对劳动内心的热爱和行为的习惯。有句话说得好："干一行，爱一行。"说的就是劳动精神中的热爱劳动。习近平总书记指出，"三心二意、心猿意马，是不能把工作干好的""心浮气躁，朝三暮四，学一门丢一门，干一行弃一行，无论为学还是创业，都是最忌讳的"。爱岗敬业、热爱劳动是干好工作的重要前提，是一个人应有的职业操守，也是社会主义核心价值观的基本要求。一切劳动者，只要立足岗位和本职工作，热爱本职工作，兢兢业业把工作做好，就能在劳动中发现广阔的天地，在劳动中体现价值、展现风采、感受快乐。"干一行，爱一行"是爱岗敬业的最好体现，是热爱劳动的集中表现。提倡爱岗敬业、热爱劳动，并不是要求人们终身只能干"一"行，爱"一"行，并不排斥人的全面发展。我们不能把忠于职守、爱岗敬业、热爱劳动，理解为绝对地、终身地只能从事某个职业，而是从事了一个职业就应该热爱这个职业。从职业道德来分析，"干一行，爱一行"是职业道德中最基本而又最重要的要求。在每一个具体的岗位上，无论平凡与否，高低与否，贵贱与否，都应该忠于职守，尽职尽责。我们每一个人都有责任和义务去做好自己的本职工作，这是一种良好的职业道德和人生态度。

## 主题阅读

### 在高山绝壁中"徒手"凿出致富天路

毛相林作为下庄村村委会主任，他带领村民不等不靠、艰苦奋斗、拔除穷根，在绝壁"徒手"凿出8千米天路。原下庄村四周被高山绝壁合围，外出只有一条盘旋在绝壁上的羊肠小道，世世代代几乎与世隔绝。自1997年起，毛相林带领村民，历时7年在绝壁上凿出了一条长达8千米的"天路"。没有炮眼，放红绳凿；没有挖机，用双手刨……在峭壁悬崖上，不能爬行也不能站立，就腰系长绳，放到山间悬空钻炮眼，放一炮炸个"立足之地"。村民们就这样在空中荡，在壁上爬。分好几个施工班，多处开炮，在半山腰炸开一处处缺口，形成一个个石磡，然后“步步为营”向前推进出山。公路修通后，他又带领村民披荆斩棘、攻坚克难，历时 15 年探索培育出“三色”经济，发展乡村旅游，蹚出了一条致富路。2016 年，下庄村在全县率先实现整村脱贫。2019 年，下庄村农村居民人均可支配收入达 12 670 元（其中，脱贫户人均纯收入达 11 344.56 元），是修路前的 43 倍，让村庄贫穷落后的面貌大大改观。毛相林带领乡亲们把绿水青山变成了金山银山，改变了贫困落后面貌，过上了富裕文明生活。

毛相林和村民

**思考：**毛相林身上什么样的劳动精神给你留下的印象最深？

毛相林是中国基层好干部的代表，他热爱劳动，热爱自己脚下的这片土地。他以 20 年的执着坚守、无私奉献、苦干实干打通了村民的致富路，成为新时代弘扬劳动精神的楷模。

### （三）辛勤劳动

辛勤劳动是对劳动的实践认同。劳动在本质上是实践的，包括人改造自然的生产实践、变革社会关系的社会实践和探索世界规律的科学实践活动，这些实践的过程必须通过辛勤劳动去实现，需要劳动者勤奋敬业、埋头苦干、辛辛苦苦、勤勤恳恳地为他人和社会提供产品和服务。习近平总书记强调，梦想属于每一个人，广大劳动群众要敢想敢干、敢于追梦。说到底，实现中华民族伟大复兴的中国梦，要靠各行各业人们的辛勤劳动。现在，党和国家事业空间很大，只要有志气有闯劲，普通劳动者也可以在宽广舞台上展示自己的人生价值。“民生在勤，勤则不匮”“业精于勤荒于嬉”，这是我们祖先圣贤对辛勤劳动的劝诫。中华民族是一个勤劳的民族，勤劳是中国人的优秀品质、传统美德。勤劳对个人进步和国家发展具有重要的意义，广大劳动者辛勤劳作、艰苦奋斗，既创造了辉煌的中华文明，又谱写出“换了人间”的壮丽史诗。对个体劳动者来说，只有辛勤劳动才能拥有美好生活，只有辛勤劳动才能实现个人价值。劳动是一切幸福的源泉，要靠勤劳的双手去创造一切美好的生活，要靠点滴的实践去实现伟大的中国梦。在新时代，广大劳动者要立足现实实践，勤于劳动、积极作为，才能在追求个人理想生活、实现个人理想价值的过程中，为创造更多人的幸福、实现更大的社会价值而做出贡献。

## 主题阅读

### 面向国际舞台的金牌讲解员

韩笑，作为首都公园行业一名普通的80后讲解员，始终扎根导游讲解一线，用自己的实际行动，传播着中华园林优秀历史文化，被喻为“金牌讲解员”“最美园林人”，她平均每年接待来自世界各地的游客1 000余人次，圆满完成重大内外事任务超过720次。2015年她被授予全国劳动模范荣誉称号。

2008年北京奥运会前夕，韩笑入职颐和园，从事导游讲解接待工作。作为英语专业八级的高才生，入职第一天，就希望能用自己所学为这座皇家园林的发展贡献一份力量。于是，她把全部的精力投入工作中，就像一个如饥似渴的孩子每天在这座皇家园林里不断汲取着文化养分。对于本职，韩笑精益求精，专心钻研讲解和接待服务技巧，虚心向周围有讲解经验的同事请教。利用岗下时间广泛涉猎一切有关颐和园及中国园林历史文化、园林建筑等方面的知识，实地对照讲解词，充实讲解内容。仅三个月时间，韩笑就从新手迅速成长为一名专业讲解员。同时，她发挥英语特长，利用业余时间进行中英文讲解词互译，不断练习掌握，很快成为一名中英双语讲解员。

金牌讲解员韩笑

2014 年 11 月，颐和园圆满完成了 APEC 会议领导人配偶游园活动。韩笑与 5 名讲解员同事一起，承担了这次高规格导游讲解任务，并担任核心讲解员，直接为代表夫人进行全程导游讲解服务。短短两个小时的讲解，背后是 120 天高强度的精心准备。从参加培训、到撰写讲解词、到实操演练、再到现场的模拟演练，每一个环节都精雕细琢、精益求精。这一年对于韩笑而言是既辛苦又充满喜悦和荣耀的一年。

2017 年 5 月，“一带一路”国际合作高峰论坛在北京召开。韩笑深知要义不容辞承担起相关重要国事活动、重大外事接待任务以及服务好慕名前来的游客。外事无小事，韩笑与其他同事一道进行全方位的备战和筹备，反复推敲，充分考虑中外差异、文化融合以及相关国家的背景、习俗、禁忌等细节，经过来回二三十次的反复雕琢和推敲，最终针对 3 条讲解路线准备了 6 套讲解词，并先后 20 余次实地演练培训。当得知自己要接待匈牙利总理时，她利用业余时间对匈牙利国家的历史背景、地理、文化等进行了全面学习，以保证在接待过程中为外宾提供最佳服务。5 月 14 日上午，韩笑圆满出色完成匈牙利总理和夫人来颐和园参观的讲解接待任务，她出色的接待服务得到来宾、中外接待部门和领导的高度称赞。

韩笑通过自己的讲解向世人展示了中国传统文化的魅力，展现了中国青年人的风采和热情。

**思考：**韩笑的故事给了你什么样的启示？并请列举你身边 1 ～ 2 个辛勤劳动的案例。

“尽力为游客多做一点”是韩笑经常挂在嘴边的话，在平凡的讲解员岗位上辛勤劳动，努力提高自身的专业能力和工作水平，她的辛勤付出也浇灌出了丰硕的成果，实现了个人价值和职业梦想。

### （四）诚实劳动

诚实劳动是对劳动的道德认同。这是劳动者在客观世界劳动过程中的一种境界，既是对待劳动的道德准则，也是劳动者的行为规范。诚实劳动要求在劳动过程中恪尽职守、遵规守纪，内诚于心、外信于人，言行一致、诚实守信，达到内在道德修养与外在行为准则的统一。“人无信不立，业无信不兴。”劳动既是个体实践，也是社会、群体行为。习近平总书记说：“人世间的美好梦想，只有通过诚实劳动才能实现；发展中的各种难题，只有通过诚实劳动才能破解；生命里的一切辉煌，只有通过诚实劳动才能铸就”“我们要在全社会大力弘扬劳动精神，提倡通过诚实劳动来实现人生的梦想、改变自己的命运，反对一切不劳而获、投机取巧、贪图享乐的思想”。我们的社会崇尚的是诚实劳动，任何投机取巧、不讲信用、偷工减料、制假售假、抄袭盗版等欺诈行为，即使能够通过瞒与骗的不当手段达到一时的目的，但最终会身败名裂，被社会所唾弃。诚实劳动是对劳动的道德认同。这是劳动者在客观世界劳动过程中的一种境界，既是对待劳动的道德准则，也是劳动者的行为规范，要求在劳动过程中恪尽职守、遵规守纪，内诚于心、外信于人，言行一致、诚实守信，达到内在道德修养与外在行为准则的统一。

## 主题阅读

### 老老实实做人，结结实实盖房

“老老实实做人，结结实实盖房”是范玉恕始终坚持的职业信条，他许诺：决不向人民交付一平方米不合格的工程。为兑现诺言，范玉恕把全部心血都用在了提高工程质量上。在每项工程施工中，他都坚持制定一个高于国家要求的质量标准，拿出一套质量创优的措施，建立一套完备的质量保证体系，做出每道工序的质量样板。1999 年，范玉恕负责的所有工程质量全部优良，创造出天津建筑史上的“四个第一”，两次获得全国建筑行业最高奖——鲁班奖，被誉为“群众信得过的建房人”。

工作中的范玉恕

为兑现诺言，范玉恕始终坚持“四个一样”：大事和小事一个样，外露工程和隐蔽工程一个样，分内事和分外事一个样，有要求和没要求一个样。工程无论大小，为确保所有工序都能达到一次全优，他每天死盯现场，严把质量关。他几乎放弃了所有的节假日，把自己负责的几十个工地转个遍。

为兑现诺言，范玉恕坚守一线阵地，坚持严细管理。2004 年 6 月，范玉恕担任北京奥运工程——奥体中心运动员公寓工程项目经理，他向建设单位承诺，“奥运会运动健儿要夺金牌，奥运工程我们更要争第一”。当时正值酷暑，地面温度达到 50 摄氏度，他一天也没离开过施工现场，做到制定施工方案一盯到底，关键部位一盯到底，工艺难关一盯到底，交叉作业一盯到底，质量验收一盯到底，带领员工从一张图纸、一根钢筋、一块砖、一车混凝土抓起，严严实实地把住了每一道质量关，最终该工程被评为北京市建筑工程质量最高奖——长城杯金奖。

从事施工管理 40 余年来，范玉恕先后组织完成了 30 项、50 余万平方米的重大施工任务，工程质量项项优良。范玉恕以实际行动兑现了“不向社会交付一平方米不合格工程”的承诺。范玉恕先后被授予全国十大杰出职工、全国劳动模范、全国建设系统风云人物等荣誉称号，2002 年当选为党的十六大代表。

**思考：**范玉恕身上体现的诚信和诚实劳动对于新时代技能人才为什么重要？

生活中像范玉恕这样优秀、平凡的劳动者在我们的身边并不少见，他们数十年如一日，无私奉献，勤勤恳恳、踏踏实实工作，不投机取巧，不偷奸耍滑。用辛勤、诚实的劳动，创造了美好未来。

## 3.3　践行劳动精神

习近平总书记指出：“人生在勤，勤则不匮。”幸福不会从天降，美好生活靠劳动创造。三百六十行，行行出状元。任何一名劳动者，要想在百舸争流、千帆竞发的洪流中勇立潮头，在不进则退、不强则弱的竞争中赢得优势，在报效祖国、服务人民的人生中有所作为，就要孜孜不倦学习、勤勉奋发干事。当前，我国已经有超过 2 亿名技术工人。技能是强国之基、立业之本，“技术工人队伍是支撑中国制造、中国创造的重要力量”。2022 年 4 月，习近平总书记致信祝贺首届大国工匠创新交流大会举办并强调：“我国工人阶级和广大劳动群众要大力弘扬劳模精神、劳动精神、工匠精神，适应当今世界科技革命和产业变革的需要，勤学苦练、深入钻研，勇于创新、敢为人先，不断提高技术技能水平，为推动高质量发展、实施制造强国战略、全面建设社会主义现代化国家贡献智慧和力量。”这为技术工人践行劳动精神指明了方向。进入新发展阶段，技能人才要以崇尚劳动的职业精神筑基中国经济的大厦，以热爱劳动、辛勤劳动夯实国家发展的基石，以诚实劳动逐梦出彩，投身到中国特色社会主义现代化强国建设的历史大潮中，以技能成才、技能强国为目标，奋勇拼搏，不负韶华。

## 一、知行合一：加强对劳动精神的理性认识

在日常工作中，技能人才要加强对马克思主义劳动价值观的学习，结合时代发展，学习习近平总书记关于劳动的重要论述，树立正确的劳动价值观、加强对劳动精神的理性认识，在本职工作中自觉践行劳动精神，做到知行合一。

### （一）加强理论学习

思想是行为的先导，认知是行动的前提。新时代，要造就一支宏大的知识型、技能型、创新型劳动者大军，适应新一轮科技革命和产业变革需求，让更多劳动者成为创新驱动发展的骨干力量，更应强调脑力劳动与体力劳动结合的劳动教育，这是实现劳动者全面发展的必由之路，是推动高质量发展的有力支撑，是助力全面建设社会主义现代化国家的重要途径。因此，应通过加强理论学习，纠正对劳动精神的认知偏差，才能促进对劳动精神的全面理解。通过对劳动精神的内涵及其价值意蕴和鲜活案例的学习，掌握科学的、进步的劳动价值观，认同劳动创造美好生活的观点，使思想与时代发展变化同步，从而促进在实际行动中做到言行一致。

### （二）开展实践锻炼

养成正确的劳动价值观和劳动精神要体现在实际行动、实际工作岗位中。劳动实践活动是树立劳动认知、培养劳动情感、坚定劳动意志及锻炼劳动技能的有效途径。开展劳动实践学习，既要依托实际工作，也要借助社会实践教育资源，通过社会劳动活动养成良好的劳动品格。

## 主题阅读

### 习近平致信首届全国职业技能大赛

中华人民共和国第一届职业技能大赛2020年12月10日在广东省广州市开幕。中共中央总书记、国家主席、中央军委主席习近平发来贺信，向大赛的举办表示热烈的祝贺，向参赛选手和广大技能人才致以诚挚的问候。

习近平在贺信中指出，技术工人队伍是支撑中国制造、中国创造的重要力量。职业技能竞赛为广大技能人才提供了展示精湛技能、相互切磋技艺的平台，对壮大技术工人队伍、推动经济社会发展具有积极作用。希望广大参赛选手奋勇拼搏、争创佳绩，展现新时代技能人才的风采。

习近平强调，各级党委和政府要高度重视技能人才工作，大力弘扬劳模精神、劳动精神、工匠精神，激励更多劳动者特别是青年一代走技能成才、技能报国之路，培养更多高技能人才和大国工匠，为全面建设社会主义现代化国家提供有力人才保障。

经国务院批准，人力资源和社会保障部从2020年起举办全国职业技能大赛。首届大赛以“新时代　新技能　新梦想”为主题，设86个比赛项目，共有2 500多名选手、2 300多名裁判人员参赛，是新中国成立以来规格最高、项目最多、规模最大、水平最高的综合性国家职业技能赛事。

**思考：**你或者身边的人参加过职业技能大赛吗？对你有什么启发和影响？

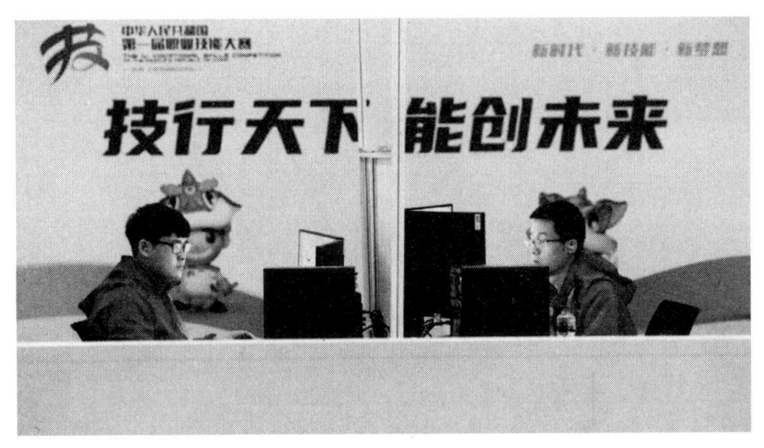


首届全国职业技能大赛比赛中的选手

技能人才队伍是支撑中国经济的重要力量。职业技能竞赛为广大技能人才提供了展示精湛技能、相互切磋技艺的平台，对加强践行劳动精神典型榜样的舆论宣传、营造践行劳动精神的良好氛围及壮大技能人才队伍、推动经济社会发展具有积极作用。

## 二、感知身边：加强对劳动精神的情感认同

践行劳动精神不能仅仅简单地停留在对基础理论的把握，还要把劳动精神升华为情感认同。我们身边有千千万万普通的劳动者，他们热爱劳动、热爱自己的工作，用实际行动处处体现、践行了劳动精神。新时代的技能人才是劳动创造者，是实干家，技能人才中的杰出代表身上体现着新时代劳动精神，展现出了深厚的劳动情怀。榜样的力量是无穷无尽的，具有示范、激励等多种功能。劳动精神情感认同就是对身边的劳动榜样、劳动事迹在情感上产生共鸣，并转化为自我积极情绪的劳动行动，并且以身边劳动榜样的标准来严格要求自己。

**主题阅读**

### 看着亲手打造部件的重型装备从天安门前经过

因为加工的产品会直接影响到坦克的射击精度，梁兵加工的零件精度往往都是微米级。“光电瞄准产品 0.01 毫米的误差，坦克、装甲车到了战场就难以准确击中目标。”1993 年从技校毕业后，梁兵逐步成长为中国兵器工业集团河南平原光电有限公司首席技师。一路走来，他载誉无数，先后荣获中华技能大奖、全国五一劳动奖章、全国劳动模范称号。问及让他感到最骄傲的时刻，他谈到了 2015

测量工件的梁兵

年。那一年，他受邀参加纪念中国人民抗日战争暨世界反法西斯战争胜利70周年大会阅兵式观礼，“感受到国家对技术工人的重视和尊重”。当看到有自己和工友们亲手打造部件的重型装备排着整齐的队伍从天安门前缓缓经过时，梁兵内心一股强烈的职业自豪感油然而生，“里面有很多零件就是我亲手打造的”。

“精工利器，匠心铸魂”，这是梁兵的座右铭。“未来，我们国家由制造大国向制造强国迈进，需要千千万万的掌握绝招绝技、有技能本领的青年工匠。”梁兵说。一枝独秀不是春，百花齐放春满园。2011年12月，以梁兵名字命名的梁兵技能大师工作室在河南平原光电有限公司挂牌。截至2022年4月，该工作室共有成员23名，包括高级工程师10名、工程师2名、高级技师6名、技师5名。工作室成立以来，梁兵不断在人才培养、带技能人才队伍上下功夫。在他的带动下，陆续组织开展以数控设备高速加工、软件编程、异型零件难关突破等内容的大师讲堂活动。如今，这里已成为公司技能人才“切磋技艺”的大本营。在他的团队里，没有职位高低的等级划分，没有年龄性别的区别对待，谁能寻找“好点子”“新办法”，谁就是技术骨干和带头人。为了提高团队发现问题、解决问题的效率，梁兵以工作室为平台，在车间创新提出了“现场微课堂”模式。团队里谁遇到问题，大家就直接聚在生产一线结合实践就地分析、讨论解决。在这种传帮带和教学相长的机制下，一大批年轻技术工人脱颖而出：他们当中有巾帼英杰，有代表河南省参加全国数控技能大赛的90后技术能手，也有一直保持零部件良品率100%的优秀数控程序编制员。除了培养人才，梁兵技能大师工作室还承担着企业的技术攻关任务。自梁兵技能大师创新工作室成立以来，他带领团队成员攻坚克难解决了19项国家重点型号产品配套零件的加工难题，攻克解决了120余项技术瓶颈，累计为企业创造经济效益7 300余万元。

在梁兵看来，制造强国，归根结底需要人才支撑。除了做好当下工作外，更要做好人才培养。“作为一名基层的技能人员，我有责任带动身边的年轻技能人员，走技能成才、技能报国之路。在制造强国和兵器事业的发展方面，努力贡献我们技能人员的力量。”梁兵说。

**思考：** 想一想梁兵是如何在工作中践行劳动精神的？

静得下心，耐得住寂寞，甘于吃苦，是技能人才快速成长的必备素质。梁兵在工作中注重践行劳动精神，他对待工作的态度，对产品质量的极致追求，最终都会体现在产品中。

## 三、尽职尽责：加强对劳动精神的不断实践

为适应当今世界科技革命和产业变革的需要，技能人才要结合工作，勤学苦练、深入钻研；注重创新创业，勇于创新、敢为人先，不断提高技术技能水平。要坚持勤恳踏实的工作作风，将践行劳动精神与工作实践结合，提高践行劳动精神的自觉性和主动性，使践行劳动精神常态化，为推动高质量发展、全面建设社会主义现代化强国贡献智慧和力量。

### （一）坚守职业道德

高素质的技能人才不仅要有扎实的专业技能，更要有良好的职业道德素养。职业道德是职业人在岗位上从事劳动所需要遵守的道德规范。《新时代公民道德建设实施纲要》中提到：推动践行以爱岗敬业、诚实守信、办事公道、热情服务、奉献社会为主要内容的职业道德，鼓励人们在工作中做一个好建设者。劳动精神内涵中的“热爱劳动”“诚实劳动”与纲要要求一致。坚守职业道德是践行劳动精神的内在要求。

### （二）提升职业技能

职业技能指劳动者在岗位上从事劳动所需要的技能。劳动精神内涵中的热爱劳动、辛勤劳动，必定要求劳动者在技术创新、产品质量提升等方面做出不懈努力，在品质上追求完美，技术上追求超越，态度上追求严谨，理想信念上追求高远，同时促进劳动者自身技能水平的提升。

### （三）磨炼劳动意志

劳动意志是稳定劳动情感、升华劳动精神的重要因素。在物质生活较为丰富的今天，大部分人能够接纳和完成如生活劳动、生产劳动等基础劳动。但是，难能可贵的是秉承深厚、坚定的劳动意志自觉践行劳动精神，实现个人价值与社会价值的统一。优秀的劳动品质和坚韧的劳动意志都是我们新时代技能人才应该具备的。

**主题阅读**

### 精研技艺　气焊薄铝

薄铝类金属焊接难度高，极易焊穿，而在丁照民手中，厚度不超 0.3 毫米的铝

制品上的小孔也可以实现气焊焊补。钻研技艺、博采众长、攻克难题……从业以来，丁照民先后获得全国技术能手、全国劳动模范、第十四届中华技能大奖等荣誉。

工作中的丁照民

“丁师傅，人齐了。快点让咱见识见识！”在富奥汽车零部件股份有限公司泵业分公司，丁照民的工作室内聚集了一群年轻工人。铆焊班班长丁照民笑着点头，拿起一片薄到用手可以轻易撕开的铝片，手持气焊，眨眼间，厚度不超0.3毫米铝片上的小孔被气焊焊补。大家小心地传看铝片，纷纷点赞。焊接中的常见单位是“道”，一毫米等于一百道，丁照民的工作便在这“几道”之间。

厚度只有零点几毫米的薄铝类金属素来焊接难度大。铝在熔化时不会发生任何颜色变化，单凭肉眼很难判断焊接情况，稍不留神就会焊穿。如何实现精准焊接？丁照民的答案是：“练，练到有肌肉记忆。”

1986年，丁照民进厂成为焊工学徒。“每天上班，先从师父那里拿两包焊条。”一包焊条120根左右，丁照民要求自己一天内要全部焊完。“手酸到吃饭都没劲夹菜。”1987年，丁照民参加工厂技能比赛。焊工一般3年出徒，但他却在40多名焊工中拿到了第三名。此后，丁照民自修了机械制造设计大专及本科课程，还自学了铆、钳、锻等技术。

时间一久，工厂有啥技术难题，大家总会想到涉猎广泛又热心的丁照民。2013年，加工中心的排屑器突然停转，内部铝屑无法排出，机器运转没一会，就不得不停下进行人工除屑，效率大受影响。“那东西外形像大弹簧一样，咱可以自

己做。”丁照民很有信心。

丁照民仔细观察排屑器以及和它相连的设备，不时在纸上记录数据，接着找来一根 89 毫米的铁管和几根方铁，反复敲打烧热的方铁，直到其与铁管曲度一致。一个多小时后，丁照民自制的排屑器被安装到了机器上，结果发现不仅可以正常使用，甚至比原来的更加贴合。

除此之外，让工人无需反复弯腰取件的工位器具举升车、控制零部件间距的链轮室周转车、将加工粉尘溶于水再通过气体排出的净化器……30 多年来，丁照民累计完成创新成果 700 多项，总计创收效益 1 000 余万元。

“一个人再有能耐，个人作用也有限。”2010 年，辽源技师学院向丁照民发出邀请，深知“孩子们渴望学技术”的他选择义务授课，负责高难度焊接的实操课程教学，一坚持便是十多年。如今，丁照民已带出 400 多名学员，其中包括 2 名省级首席技师和 9 名高级技师。

午休时间，丁照民走出工作室，看着车间里仍在练习焊接的年轻人说：“他们现在正是体力耐力都好的时候，勤学苦练，再把我这几十年的经验都学过去，将来他们一定会成为好工匠！”

**思考：**结合丁照民的优秀事迹，谈谈你是如何提高自身职业技能的？

丁照民是技能大军中的优秀代表，他潜心研究技术，努力提高自己的技能，他对于薄铝类金属焊接技术的钻研，体现了在日常工作中是如何践行劳动精神的，在平凡工作岗位中他既获得了荣誉、实现了自我价值，又为社会和企业创造了财富。

## 四、守护初心：践行社会主义核心价值观

习近平总书记说：“一切劳动者，只要肯学肯干肯钻研，练就一身真本领，掌握一手好技术，就能立足岗位成长成才，就都能在劳动中发现广阔的天地，在劳动中体现价值、展现风采、感受快乐。”劳动是社会主义核心价值观形成的基石，劳动精神是新时代中国特色社会主义建设者、创造伟大中国梦的劳动者所表现出来的精神气质。劳动精神中所强调的诚实劳动价值取向与社会主义核心价值观“诚信”理念相符合，广大劳动者要通过诚实劳动来实现人生梦想、展示自己的人

生价值，形成良好的社会风尚。

一是要树立热爱劳动、诚实劳动的劳动态度。只有具备热爱劳动、诚实劳动的劳动态度才能将职业当成事业，诚实守信，用自己辛勤的劳动创造财富，通过为其他人提供更多、更好的服务形成友善的社会关系，从爱人到爱岗、爱家乡直至爱国。二是要将劳动作为生活的第一需要。优秀的劳动者对劳动的热爱仅仅是源于劳动本身，而不是由于劳动带来的名誉、地位与金钱。从这个意义上说优秀的劳动者是真正地脱离了低级趣味的人，强调这种精神在社会生活中的作用，自然会形成平等、公正、法治的社会环境。

## 主题阅读

### 诚实劳动就是要做人真诚、言行一致

早上9时，马兆红已经来到了西宁市赛博数码广场二楼的美食城开始了一天忙碌的工作。马兆红个子不高，因长期劳累膝盖受损，步履有些缓慢，尽管如此，但她精神干练、声音洪亮、双眼炯炯有神。来到自己的商铺“家的味道”，她麻利地换好工作服、整理工作台、准备菜品、收拾餐桌……动作熟练、流畅。“我每天都早上9时左右到店，晚上八九时下班。不仅要顾好自己的小商铺，还要操心整个美食城的卫生、环境、设施等方方面面的情况。我每天都想着如何把美食城经营得红红火火。”马兆红对记者说。在许多人已经退休、安享晚年的年龄，马兆红却每日辛苦操劳，全年无休。2016年3月，马兆红的儿子为了让家人过上更好的生活，他和朋友合伙经营起了赛博数码广场的美食城。正当美食城发展初具规模时，2017年7月的一天，儿子意外离世。在清理儿子遗物时，马兆红才得知儿子生前留有包括借款、房租、装修费等150万元的外债，这对于经济状况并不好的马兆红来说，无疑是雪上加霜。周围的亲朋好友都十分同情马兆红的遭遇，有人劝她将美食城转让出去，钱款足够还债；有人劝她继续经营美食城，但欠款不应该由她来还；还有人劝她将儿子股份撤回，把美食城和欠款留给另外两个合伙人处理。“我知道大家都是心疼我，为我着想。但是做人不能没有良心、不讲信用。当时儿子能开起来这座美食城，靠的是众多亲朋好友的筹款与支持，儿子对他们是有承诺的。现在欠了这么多钱我不能撒手不管，任何人赚钱都不容易，我必须勇敢面对。诚实守信就是要做人真诚、言行一致。我要替儿子还债，兑现诺言！”谈到这里马兆红热泪盈眶。





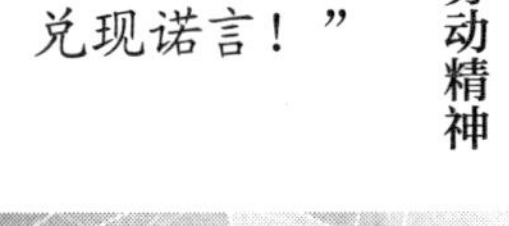

马兆红和“家的味道”

马兆红向债主们承诺，自己一定会将美食城一直经营下去，欠款一定慢慢还上。债主们也被马兆红的真诚所打动，都表示不着急要钱。当时的情况不允许她悲伤，她咬紧牙关，再一次撑起了这个家。她精心照料儿媳和孙子，并四处找人打听，渐渐学会了如何贷款、如何经营、如何分配。美食城慢慢有了起色，入驻的商家也多了起来。马兆红替子还债、诚信做人的事迹感动、影响了很多人，周围的知情人纷纷点赞。2019 年 9 月，马兆红获得第七届全国道德模范提名奖。“我真没想到会给我这么高的殊荣，谢谢党和政府的关心与鼓励，我觉得自己没什么了不起，做的事情十分微不足道，只是守住了做人诚实守信、一诺千金的原则……。”

**思考：**马兆红的事迹给了你什么启发？请举一个你身边诚实劳动、讲信用、守诚信的事例。

劳动固然非常重要，但是更重要的是以什么样的态度和方式去劳动，劳动中讲信用守诚信、不投机取巧、不偷奸耍滑、不破坏劳动工具、遵守劳动纪律的都是我们社会所倡导的诚实劳动。马兆红这样平凡普通的劳动者为全国广大劳动者树立了榜样，诠释了诚实劳动的内涵。

## 即学即用

1. 请结合你的理解写出弘扬劳动精神的意义。

2. 结合所学内容，请思考新时代给了我们哪些新的历史机遇，你的专业技能有什么样的未来前景，你该如何规划未来？

3. 阅读下面的故事，思考并回答问题。

宝鸡机床集团高级技工杨忠州被授予全国劳动模范称号。1989 年刚进厂时，杨忠州还是一名 20 岁出头的普通车工，初出茅庐的他参加了单位的“小改小革”活动。虽然年纪轻轻，但认真好学的杨忠州第一次参赛就获得了三等奖，这也成为他立足岗位钻研创新的起点和动力。“有难题，找杨忠州师傅啊。”这是宝鸡机床集团同事们的一句口头禅，也是对杨忠州的莫大肯定。对于杨忠州来说，每一次技术难题都是对于自己的一次挑战和提升。2011 年，来自江苏镇江的客户需要采购一批机床，但所给的全部参考资料只有两个成品零件。眼瞅着交付的时间越来越近，大家都有点慌神。这时，杨忠州却不见了人。原来，他一头扎进了车间，在不同机型上用废料反复试加工。几个通宵熬下来，杨忠州人瘦了一圈，但技术难题却实现了突破。最终，杨忠州从设备到刀具、工艺、编程等方面全方位解决了“不锈钢内三曲”零件的加工，而“不锈钢内三曲”零件加工也获得了陕西省第四届职工科技节“陕西省职工先进操作法”的荣誉。2015 年，一位外地客户拿着样件图纸找到宝鸡机床集团，他们想要加工一种零件，但由于技术工艺复杂，走访全国多家公司也未能成型。公司将这个难题交给了杨忠州。“当时这一零件最大的难度在于钻头。因为这个零件工艺对钻头的要求很高，钻头尖端的摆动幅度不能超过千分之五，这个幅度相当于头发丝的十分之一。”杨忠州告诉记者，他首先从钻头的选材上下手，反复尝试不同材质的钻头。由于材质和孔径限制，钻头频繁折断，但在技术难题面前，杨忠州怎会轻易言输。一种材质不行，他就试十种；白天测试不过关，他就晚上接着做。正是凭着一股不服输的拼劲，杨忠州终于啃下了这个“硬骨头”，成功做出了零件。参加工作 30 多年来，杨忠州始终没有忘记年少时创新和钻研的“初心”。他脚踏实地、一丝不苟地工作，在平凡的岗位上琢磨钻研，扎根在机床装配一线，累计完成了上千台数控机床调试维修任务，实现了 100% 的机床故障处理率和用户调试维修满意率，先后解决各类技术难题 60 多项，完成技术革新创新成果 20 多项，从普通车工到“技能大师”，杨忠州已然成为宝鸡机床集团精密数控机床的“亮眼名片”。

问题 1：你认为杨忠州的身上体现了劳动精神中的哪些方面？请逐条列出，并说明理由。

问题 2：结合自己的工作经历，谈谈杨忠州的故事对你的启示有哪些？

# 第 4 章 工匠精神

1. 了解工匠精神的形成发展和时代价值。
2. 掌握工匠精神的内涵。
3. 掌握践行工匠精神的原则和方法。

## 学习导读

### 千吨精密仪器精准落位

作为国内为数不多可以吊装巨型精密装置的起重机司机，白鹤滩水电站桥机班班长梅琳接到过不少急难险重的任务，刷新过多次世界纪录。其中，最有挑战的是吊装白鹤滩水电站发电机组的转子，重达 2 300 吨。

2021 年 4 月 25 日上午 9 点 30 分，吊装开始。发电机是精密仪器，轻微晃动都会引起损坏，梅琳要做的，是通过操纵杆操控吊钩将这个大家伙吊起 10 米，然后平移放入发电机坑位，其间，摆动幅度只能控制在 1 毫米以内。这将创造新的世界纪录。

所有人都屏息以待，只有梅琳看上去沉着冷静。底气来自她平日的刻苦练习。稳，是桥机司机的基本功。20 多年前，刚刚参加工作时的梅琳，心浮气躁，被师父狠狠训了一顿。从那天开始，梅琳把水桶吊在吊钩上面，每天练习几百次。

梅琳正在调试设备

凭着一股子韧劲，梅琳硬是做到了吊装水桶滴水不漏。

精益求精，追求极致，20多年来，梅琳一直这样严格要求自己。最终练就了一身吊装稳如磐石、不差分毫的本事。

9点51分，转子吊装平移结束，开始垂直吊下。10点28分，在经过梅琳5次点控调校后，转子稳定且精准地落入发电机坑位，吊装成功。

2021年6月28日，白鹤滩水电站首批机组投产发电，习近平总书记发来贺信。信中说："你们发扬精益求精、勇攀高峰、无私奉献的精神，团结协作、攻坚克难，为国家重大工程建设做出了贡献。"

工匠精神的核心就是干一行，爱一行，专一行，精一行。小到一颗螺丝钉、一根电缆的打磨，大到卫星、火箭、高铁、航母、水电站等大国重器的建造，都离不开像梅琳这样的工匠们笃实专注、严谨执着的匠心。

**思考：**在大国工匠梅琳的身上，你看到了什么样的工匠品质？青年一代应当如何传承工匠精神？

## 4.1 回溯工匠精神



### 一、工匠和工匠精神

工匠在我国有着悠久的历史。《说文解字》作："工，巧饰也，象人有规矩

也”“匚，象形，凡匚之属皆从匚，读若方。匠，木工也。从匚、从斤，斤所以作器也”。“匠”是个会意字，本义是木工所用的斧类工具。据此可知，“匠”在古代是特指木工，但随着时代的发展及字词的演变，“匠”逐渐运用到所有行业中的技术类工种之上，即从事一定程度技术工作的人即可称为“匠”。

手工业从农业中分离之后，便出现了专门从事手工劳动的生产者，在古代被称为“百工”，也就是对各种手工业者的总称。我国工匠艺人在长期劳动的过程中创造出来很多优秀的手工业品的文明成果。譬如，为了满足生产生活而进行的生产工具、生活器皿的制造，为了适应安全需要而进行的兵器器具的制造，以及为了满足审美享受而进行的制陶纺织、木雕石雕的创造等。众多手工制作的精品承载着工匠艺人耐心细心、专注执着的精神。这便是工匠精神的雏形，它不仅蕴藏着精益求精的职业态度，本质上更体现为一种人文精神，即对生命意义的思考，对人生的追求和探索，体现了做人与做事的统一，体现了人文精神与专业知识的完美融合。

**主题阅读**

## 我国古代著名的工匠

春秋战国时期的庖丁，是中国古代著名的厨师。在《庄子·养生主》里面讲述了庖丁为梁惠王宰牛，他的技艺到了炉火纯青的地步，书中这样记载：“手之所触，肩之所倚，足之所履，膝之所踦，砉然向然，奏刀騞然，莫不中音。合于桑林之舞，乃中经首之会。”庖丁对解牛非常熟练，掌握了牛身体的规律，才能够做到游刃有余。虽然手艺精湛，但是每次下刀时候依然小心谨慎。正是有了熟练的技能和严谨的态度，庖丁才练就了炉火纯青的工匠技艺。

欧冶子是春秋末期到战国初期的铸剑大师，少年时代，他从母舅那里学会冶金技术，开始冶铸青铜剑和铁锄、铁斧等生产工具。他在铸剑的过程中，善于观察、动脑筋和创新，冶铸出第一把铁剑“龙渊”(后改名“龙泉剑”)，开创了中国冷兵器之先河。为越王允常铸五剑，名湛卢、纯钧、胜邪、鱼肠、巨阙。后因风胡子之邀，与干将夫妇赴楚为楚王铸龙渊、泰阿、工布三剑。其中，剑以湛卢剑最为有名，称为“天下第一剑”。在很多古诗中经常看到湛卢剑，如唐朝诗圣杜甫有诗咏道：“朝士兼戎服，君王按湛卢。”

鲁班是中国建筑鼻祖、木匠鼻祖，春秋时期鲁国人，公输氏，字依智。人称公输盘、公输般、班输，木工师傅们用的手工工具，如钻、刨子、铲子、曲尺，划线用的墨斗，据说都是鲁班发明的。这些工具都不是偶然被发明的，而是在大量的实践当中，经过反复的研究才获得的。例如，相传在野外鲁班的手被一种野草的叶子划破了，渗出血来，他摘下叶片轻轻一摸，原来叶子两边长着锋利的齿，他用这些密密的小齿在手背上轻轻一划，居然割开了一道口子。鲁班就从这件事上得到了启发并且发明了锯子这个工具。除了这些日常生活所用的工具，鲁班也发明了很多兵器。例如，《墨子·鲁问》记载鲁班将钩改制成舟战用的“钩强”，楚国军队用此器与越国军队进行水战，越船后退就钩住它，越船进攻就推拒它。《墨子·公输》则记载鲁班将梯改制成可以凌空而立的云梯，用以攻城。

鲁班

**思考题：**你能从中国古代著名工匠身上发现什么共同的特点？

中国古人钻研技艺、发明创造的故事，实际上是古代劳动人民长期执着钻研的故事，是我国工匠精神源远流长的历史写照。我们不可能都成为像鲁班那样的能工巧匠，但是我们每个人都可以做到持之以恒，秉持不忘初心、方得始终的精神，把一件事做到极致，同时在永无止境面前保持一颗平常心，学艺时日久则技越专精。

## 二、工匠精神形成与发展

我国工匠精神具有悠久的历史，从原始社会到现代社会，从孕育产生到发展传承，经历了一个漫长的演变过程。工匠精神的历史演变展现了不同时期我国工匠精神的不同特点和内涵。

### （一）孕育阶段（原始社会末期）：注重简约朴素，切磋琢磨

在原始社会末期，手工业者从农业中分离出来后，便出现了专门从事手工劳动的生产者，也就是现在所说的手艺人或者工匠。《诗经·卫风·淇奥》用“如切如磋，如琢如磨”的佳句来形容手工艺人在对骨器、象牙、玉石进行切料、糙锉、细刻、磨光时所表现出来的认真制作、一丝不苟的精神。这便是孕育阶段工匠精

神的真实写照。

由于当时物质生产相对落后、科技文明相对不发达，人们往往以简约朴素的天然产物为原料加工制造生产工具或生活用具。从简单的石器、骨器、木器等的制作到复杂的制陶、纺织、房屋建筑、舟车等的制作，无不体现了早期工匠艺人朴素的工匠精神。例如，中国人早在7 000年前就懂得将泥质红陶和夹砂红陶用火烧硬，塑造成经久耐用的日用器皿。在制造陶器时，部分聪明的工匠发现，如果在器物成形时先在胎体上刻画图案，陶器烧成后这些图案就能永久地保留下来。匠人先辈留下珍贵的手工艺作品，创造了卓越的古代文化，孕育了早期的工匠精神，也是我们探究中华民族历史渊源的重要一环。

## 主题阅读

### 读懂早期中国的独家密码

在中原大地上，曾有过一处处屋舍、一只只手工陶制的盆钵、一笔笔质朴描绘的图案，它们曾散落在历史的长河里，被时间无声地淹没，悄无声息。

在长达7 000年的中国陶瓷史中，吉祥艺术体现得淋漓尽致。虽然我们不知道最早期的陶器上的纹饰有何含义，但可以肯定仰韶文化彩陶上图案的吉祥含义非常丰富。花瓣纹代表华夏民族，鱼纹、鸟纹、蛙纹、鹿纹等反映了古代先民们希望渔猎丰收的美好愿望，而秦汉瓦当上的“千秋万岁”“宜子孙”“大富贵”已是陶器上成熟的吉祥语了。

仰韶彩陶作品

众所周知，陶瓷的历史是先有陶器，后有瓷器，瓷器是由陶器发展而来的。因此，研究陶瓷的吉祥艺术也得先从陶器开始。

出现在裴李岗、磁山文化陶器上的划纹，篦点纹、指甲纹、乳钉纹、细绳纹、席纹等，就是这一时期工匠们的杰作。古人刻画这些纹饰是单纯为了美观还是另有寓意？由于年代太久远，现代人不得而知。

然而，距今约 7 000 年至 5 000 年的仰韶文化彩陶上的纹饰却很明显地具有某种含义，可以将其视为中国陶瓷吉祥艺术的开端。正如美学家李泽厚先生所说的：“仰韶、马家窑的某些几何纹样已比较清晰地表明，它们是由动物形象的写实而逐渐变为抽象化、符号化的。由再现（模拟）到表现（抽象化），由写实到符号化，这正是一个由内容到形式的积淀过程，也正是美作为‘有意味的形式’的原始形成过程。即是说，在后世看来只是‘美观’‘装饰’而无具体含义和内容的抽象几何纹样，其实在当年却有着非常重要的内容和含义。”

**思考：**为什么说我国古代工匠和工匠作品、工匠技艺是简约而不简单？

掌握好技术、练就好手艺，是古代工匠艺人谋生的必备条件，也是古代工匠精神的基本要求。仰韶彩陶制作精良，寓意深邃，恰恰体现了这一点。彩陶是新石器时代文化的标志，它的造型、功能和纹样都反映了仰韶先民的生活、生产及审美状态。仰韶彩陶作为核心载体，折射着约 7 000 年前中国的样子，是我们读懂早期中国的独家密码。如果不是专业工匠的精益求精，实在难以想象在原始文化遗产中竟有如此巧夺天工之物，它凝聚着中华民族祖先的聪明才智，是我国工匠技艺具有悠久历史的实物见证。

### （二）产生阶段（春秋战国时期）：崇尚以德为先，德艺兼修

春秋战国时期，随着生产力的发展和科学技术的进步，社会分工越来越细，职业也就越来越多，一些特定的职业不但要求人们具备特定的知识和技能，而且要求人们具备特定的道德观念、情感和品质。工匠艺人作为一种职业团体，为了维护职业威望和信誉，适应社会的需要，在职业实践中，根据一般社会道德的基本要求，逐渐形成了自己职业的道德规范。

《墨子·尚贤上》就有记载“兼士”必须符合的三条标准，即“厚乎德行”“辩乎言谈”“博乎道术”，也就是要做到德行宽厚、善于言谈、精于技术。这种道德价值观，作为古代一些社会职业的道德评价标准，也得到工匠们的认同。





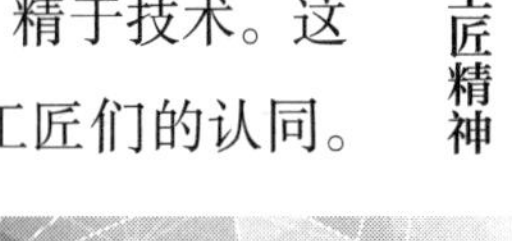

墨子的工匠观主要体现在对工匠社会地位、工匠能力素质、工匠考核方式及工匠技术规范4个方面的认识。此外，据先秦典籍《左传·文公七年》记载，“六府三事，谓之九功。水火金木土谷，谓之六府。正德、利用、厚生，谓之三事。”其中，“正德”居于首位，就是要求工匠必须为人正直，端正德行。“利用”，指利用自然资源。“厚生”，指使生民的生活富足、充裕。因此，德行为先，其次善用资源、涵养技艺，德艺兼修成为中国工匠精神的伦理走向。

## 主题阅读

### 墨子的工匠观

在先秦诸子中，墨子对技术、技艺、劳动最为看重。墨子不仅是技术熟练的工匠，而且重视工匠技术的传授。

墨子本人就是一个技术熟练的工匠，会制造器物，他招收的许多弟子大都出身平民，有许多成员也是工匠。他把百工之事当成“大人之事”，重视通过工匠的技术活动来实现利民厚生。墨子对于工匠的认识体现在《墨子》一书中。《墨子》一书共53篇，其中《法仪》单独成篇，由此可见，墨子尤其重视工匠应该遵守规矩。在《法仪》篇中，墨子认为，百工皆有法度，故治理天下亦必须遵循一定的法度。《法仪》篇曰：“天下从事者不可以无法仪，无法仪而其事能成者，无有也。虽至士之为将相者，皆有法，虽至百工从事者，亦皆有法。百工为方以矩，为圆以规，直以绳，正以县。无巧工不巧工，皆以此五（实为四）者为法……故百工从事，皆有法所度。今大者治天下，其次治大国，而无法所度，此不若百工。”出于治理社会的需要，墨子用“工匠用器”中的器（矩、规、准、绳、权、衡）来规范社会，使规矩法则制度化。据此，能够推断出墨子对于工匠技艺是何等的熟悉。

以墨子为主题的邮票

**思考：** 你如何理解工匠技艺与德行的关系？

以德为先，不仅是我国古代工匠艺人必须遵循的职业准则，而且是工匠精神得以产生的价值基础。我国古代工匠艺人不仅具备最基本的职业素养，更重要的是在他们身上体现了一种“德艺兼修”的工匠精神。对于工匠艺人来说，德行还需要技能的陪衬。若无技能相佐，梦想极有可能变为空谈；若有技能相佐，梦想代代累积，才能源远流长。

### （三）发展阶段（封建社会时期）：主张心传体知，师徒相承

心传身授主张心传体知、师徒相承，即以心传心，体察领悟，身知体会。进入封建社会以后，随着经济发展水平的提高和社会发展的需要，以血缘关系为标志的代际传承逐渐走出家庭，种类繁多、形式多样的职业教育开始成为我国古代工匠艺人之间的承接体系和传承方式，“心传身授”的教育模式逐渐成为培养工匠的主要途径。

这一时期，由于特殊的工作、学习方式，工匠们在技术上的成就大都是通过“父子相传，师徒相承”等传统方式流传下来的。例如，纸坊奉东汉宦官蔡伦为祖师；皮匠、鞋匠以孙膑为祖师；酒坊的祖师是杜康；豆腐坊以乐毅为祖师等。随着手工业技术的发展，起初以家庭为单位的技艺传授扩大到邻里之间，父子相传逐渐演变为拜师学艺，师徒们在一起生活、学习、讨论、钻研技术，通过传道、授业、解惑的方式不仅培养了大批手工艺人和工匠技师，也形成了“尊师重道，谦虚好学”的美德。

工匠艺人们对职业的尊重，对专业精神的信仰，对技艺传承的执着，对师徒情义的敬畏，无一不体现出我国古代工匠精神的价值意蕴。

## 主题阅读

### 传承千年的景德镇陶瓷工匠精神

景德镇陶瓷产于江西省景德镇市，始于汉世。五代时的景德镇以南方最早烧造白瓷之地和其白瓷的较高成就而奠定了自己的地位。

自景德镇陶瓷诞生之日始，师徒制就已经存在并成为最重要的行业制度之一，对于景德镇陶瓷千年长盛不衰具有非常重要的作用，陶瓷技艺通过传统师徒制得以延续与传承。景德镇制瓷巧匠师父们在将一身技艺传于徒弟之时，也同时将耐心、执着、精益求精的工匠精神传于徒弟。

在传统师徒制下，师徒关系是一种终身制，当入于一名景德镇制瓷师父的





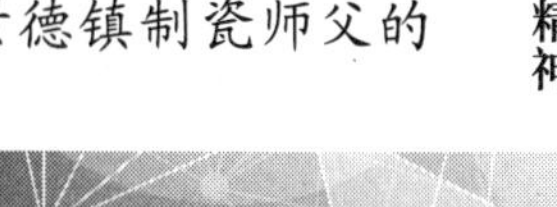

门下时，实际上就是选择了这一行业作为终身职业。也只有在这种情况下，制瓷能工巧匠才会将一身技艺传于徒弟。敬业精神的培养成为传统师徒制的基础。因为，学习制瓷技艺是一个漫长的过程，需要持之以恒、日复一日的练习。师父通过言传身教，使徒弟逐渐形成了对陶瓷技艺的热爱与坚持，敬业精神得以形成。

景德镇陶瓷工匠

景德镇陶瓷工匠精神的培养同样以精益求精为生命。在传统师徒制下，一方面，景德镇制瓷师父对徒弟的管理非常严厉，不允许徒弟有丝毫的马虎和懈怠，徒弟制作的产品会因为种种问题而不断地被要求返工、修改，直至达到令师父满意的程度为止；另一方面，景德镇制瓷师父通过自身严谨认真、精益求精的工作态度创造出优秀的产品来使徒弟受到潜移默化的影响。精益求精决不是墨守成规，而是不断创造。在精益求精的创造过程中青出于蓝、超过师父的情况并不鲜见，从而在整体上推动着景德镇陶瓷技艺不断追求卓越、开拓进取。

**思考：**景德镇陶瓷工匠精神的内涵是什么？其师徒传承的特点是什么？

师徒制使卓越而多样的手工技艺得以世代流传，而更重要的则在于将中国古代杰出匠人的工匠精神延续相传。师徒制的形式一直流传至今，很多企事业单位一直沿用师徒制来帮助新入职的员工习得职业技能、适应职业发展。虽然，传统师徒制现在逐渐演变为新型学徒制，但依然秉承了传统学徒制的精神内涵。

### （四）探索阶段（革命建设时期）：彰显艰苦奋斗，勤于奉献

新民主主义革命和社会主义革命建设时期，即1919年到1978年间，中国人民经历了近60年革命和建设道路的曲折探索。中国共产党顶住各种压力，领导中国人民自力更生、艰苦奋斗，使中国从一个落后的农业国家发展成具备独立、完整工业体系的国家。

在这一时期，传统的手工业者日渐稀少，在国家的倡导下，工匠的劳作场所和形式也从传统的作坊生产转变为近现代工厂生产。这一时期的工匠精神主要伴随着革命战争和改革建设而发展。在新中国成立后，经济复苏对各行各业的需求不断增加。这一时期的工匠精神，更加强调的是匠人的艰苦奋斗、勤于奉献的革命精神。例如，在社会主义建设时期，涌现出了“宁肯少活二十年，拼命也要拿下大油田”的大庆油田一线工人拼搏奋斗的精神；在航空、原子能和生物技术等领域，“群星闪耀”的大国工匠打造了众多世界“第一”，彰显出在艰苦环境中坚守初心、用技能报效国家的奉献精神。

**主题阅读**

### 红色兵工专家吴运铎

吴运铎，1917年1月17日生于湖北省武汉市汉阳镇的一个农民家庭。自幼来到安源煤矿。他7岁时，正值共产党领导的安源煤矿俱乐部为工人谋取福利，他得以进入煤矿东区职工子弟小学就读，参加了儿童团并担任宣传员。

1927年夏，国民党反动军队开进安源，屠杀革命者，学校停办，吴运铎的家庭生活也陷入绝境。1931年，他随家人迁到湖北黄石。经父亲的同事介绍，兄弟几人都进矿当了学徒，后来当了电机师傅。1937年，抗战爆发后，共产党在煤矿办起了抗战讲座，吴运铎天天去听课，家中也成了工人集会的场所。他还参加了党的《新华日报》发行站的工作，每天下班后便把报纸贴出去。矿主报告警察要捉拿他，他毅然参加了新四军。他被派到皖南云岭的新四军司令部修械所，在农舍的茅草棚子里开始了军工生涯。1939年5月，他光荣地加入了共产党。

工作中的吴运铎

有一次，吴运铎在新四军医院养伤的时候，听前线下来的伤员介绍：由于武器缺乏，有的战士还在使用鸟枪打仗；每个战士一般只有3发子弹，平时为壮声势不得不用高粱秆把子弹袋撑起来；打完了仗还要把弹壳捡回来上缴以重新复装。他在医院再也躺不住了，不顾伤未痊愈，便拖着伤残的身体、拄着树棍回到工厂。第二次负伤时，他躺在病床上不能下地，就在床上画武器的设计草图，导致伤口迸裂，鲜血直流，但他浑然不觉，医生不得不没收了他的钢笔和小本子。

在新四军里，鉴于日伪军在淮南津浦路四处修筑了碉堡群，步枪手榴弹难以对付，吴运铎便设计制造出专门攻坚用的简易平射炮。在攻占鸡岗的战斗中，36门平射炮一齐开火，碉堡即刻土崩瓦解。后来他又把炮的口径从36毫米扩大到42毫米，增加射程到4千米。他设计制造的枪榴弹射程达540米，也很受部队欢迎。

一次，美军飞机轰炸日本占领区时，投下的炸弹有8颗未炸，吴运铎便去拆卸。此时，炸弹里面的机件因震荡变形，落弹又相距很近，一个爆炸就会引爆其它炸弹。吴运铎让大家躲到安全的地方，自己不顾生死，上前细心检查构造，谨慎地拆下引信，不仅为民消除了危险，而且从中取出了大量炸药。2009年9月14日，吴运铎被评为100位为新中国成立做出突出贡献的英雄模范之一。

被誉为中国“保尔·柯察金”的兵工专家吴运铎，在生产和研制武器弹药中多次负伤，但他仍以顽强毅力战胜伤残，战斗在生产第一线，用简陋的设备研制成功枪榴弹，参与设计平射炮及定时、踏火等各种地雷，取得了重大成果，并且为国家培养了一批年轻的兵工专家，为国防现代化和改善我军装备做出了贡献。

**思考：**在吴运铎的工作历程中反映出了哪些宝贵的工匠品质？

在艰苦卓绝的革命斗争中，在大刀阔斧的社会主义建设中，成长起了像兵工专家吴运铎、化铁工人赵占魁、石油工人王进喜等一大批优秀工匠，他们为赢得革命和社会主义建设胜利发挥了重要作用，也为中国共产党人的精神谱系注入了强大的工匠基因。

### （五）传承阶段（社会主义建设新时期）：弘扬工匠精神，勇于创新

改革开放后，我国经济进入快速发展时期。站在新的历史起点之时，社会生产必须顺应经济体制深刻变革、社会结构深刻变动、利益格局深刻调整、思想观念深刻变化，对劳动者的技能和素质也提出了更高的要求。中国经济的高速发展，更需要劳动者弘扬勇于创新的工匠精神。在20世纪80年代，青岛港吊桥司机许振超看到国际上兴起了新的集装箱装卸运输方式——无人桥吊运输，这成为一颗“种子”深深地埋进了他的心里。1984年，许振超凭借过硬的技能和对设备理论的熟知，被选为青岛港组建集装箱公司的第一批桥吊司机。改革开放后新技术的引进，成就了一大批像许振超这样敢于创新的技术工匠，为中国经济的转型发展注入了活力。

加强供给侧结构性改革，努力改善产品和服务供给需要鼓励企业开展个性化定制、柔性化生产，培育精益求精的工匠精神，增品种、提品质、创品牌。2020年11月24日，习近平总书记在全国劳动模范和先进工作者表彰大会上指出：在长期实践中，我们培育形成了“执着专注、精益求精、一丝不苟、追求卓越的工匠精神”。工匠精神培育了人才、积累了经验、创造了财富。新征程上，我们比以往任何时候都更加需要工匠精神。

新时代的中国工匠精神，既是对中国传统工匠精神的继承和发扬，又是在当前经济社会发展形势下对新型工匠内涵的挖掘和创新；既是为适应我国社会主义现代化强国建设需要而产生，又是中国精神在新时代的一种新的实现形式，它与劳模精神、劳动精神构成一个完整的体系，成为激励广大劳动者实现中华民族伟大复兴中国梦的强大精神力量。

## 主题阅读

### 中华技能大奖和全国技术能手评选

中华技能大奖和全国技术能手是国家对全国优秀高技能人才进行褒奖的荣誉奖项，由人力资源和社会保障部每两年组织开展一次评比表彰活动。1995 年，原劳动部会同 46 个行业主管部门及各省、自治区、直辖市建立了技能大奖和技术能手评选表彰制度，这一制度得到了党和国家领导人的高度重视，有关中央领导同志先后亲切接见获奖人员。评比表彰活动截至 2021 年 6 月已开展十五届，累计表彰 290 名中华技能大奖获得者和 3 321 名全国技术能手。

技能大奖候选人须来自生产服务一线，从事本职业（工种）10 年以上，具有高级技师及以上职业资格（或职业技能等级），已获得全国技术能手称号，并具备下列条件之一：在技术创新、攻克技术难关等方面做出突出贡献，并总结出独特的操作技术方法，产生重大经济效益和社会效益；在本职业（工种）中，具备某种绝招绝技，并在带徒传艺方面做出突出贡献，在国际国内产生重要影响；在推广应用先进技术等方面做出突出贡献。优先推荐特级技师、首席技师，以及享受国务院颁发的政府特殊津贴，从事重大战略、重大工程、重大项目、重点产业相关工作的高技能人才。

技术能手须来自生产服务一线，从事本职业（工种）5 年以上，取得高级工及以上职业资格（或职业技能等级）。推荐渠道有两个，其中，常规申报渠道推荐人选应具备下列条件之一：在本职业（工种）中具备较高技艺，并在培养徒弟、传授技术技能方面做出突出贡献；在开展技术革新、技术改造活动中做出重要贡献，取得重大经济效益和社会效益；在本企业、同行业中具有领先的技术技能水平，并在某一生产工作领域总结出先进的操作技术方法，取得重大经济效益和社会效益；在开发、应用先进科学技术成果转化成现实生产力方面有突出贡献，并取得重大经济效益和社会效益。优先推荐从事重大战略、重大工程、重大项目、重点产业相关工作的高技能人才。国家重大项目（工程）申报渠道推荐人选应具备下列条件之一：获得国家科学技术进步特等（一等）奖项，或直接参与获得国家科学技术进步特等（一等）奖项并在其中做出重要贡献；直接参与涉及国家安全、国防战略等重大项目（工程）并做出重要贡献。

中华技能大奖和全国技术能手评选表彰制度的建立对建设知识型、技能型、创新型劳动者大军，弘扬劳模精神和工匠精神，营造劳动光荣的社会风尚和精益求精的敬业风气，加强技能人才队伍建设起到了积极而有效的作用。人力资源和社会保障部还从技能大奖获得者中树立了以许振超、李斌、李凯军、高凤林、鲁宏勋等为代表的两批全国“十大高技能人才楷模”。这些优秀高技能人才在本行业、本领域发挥了引领示范效应，对激励广大劳动者特别是青年一代走技能成才、技能报国之路，发挥了重要导向作用。

**思考：**谈一谈对你所了解的中华技能大奖和全国技术能手获得者的认识，若想要成为他们那样的人你还需要做哪些努力？

工匠精神铸就中国梦，推动中国的崛起、实现中华民族的伟大复兴需要发挥每一个劳动者的积极性、创造性，将“国家梦”与“个人梦”有机结合在一起。新时代的工匠精神不仅仅指工匠的职业操守，而是所有为社会主义现代化建设工作、为实现中华民族伟大复兴奋斗的劳动者都应大力传承弘扬的精神。

## 三、工匠精神的时代价值

在新时代下，“工匠”被赋予了更多意义，它不再局限于从事手工劳作的艺人，而被扩展到社会的各行各业。可以是生产线上的技术工人，也可以是救死扶伤的医护人员，工匠越来越成为当下人们的职业追求。同时，实现中华民族伟大复兴的中国梦，也需要各行各业的能工巧匠。“工匠精神”作为一种优秀的职业道德文化，它的传承和发展契合了时代发展的需要，具有重要的时代价值与广泛的社会意义。

### （一）个人层面：工匠精神是劳动者思想品德、卓越技能和个人价值的体现

中国在焊接技术方面，像高凤林一样掌握高超技术的工匠并不少见，但像高凤林一样对自己的产品能够做到精雕细琢的却凤毛麟角。作为工匠，想要掌握纯熟的技艺，就需要通过反复学习、不断琢磨，对自己的产品或服务默熟于心。此外，大国工匠为人称赞的地方还在于他们对精神境界的价值追求。

《新时期产业工人队伍建设改革方案》提出要“造就一支有理想守信念、懂技术会创新、敢担当讲奉献的宏大的产业工人队伍”。培育和弘扬工匠精神，可以增强劳动者的敬业感和荣誉感，使他们不仅将职业作为一种谋生手段，还作为一种事业追求、工作荣耀和生命守望，树立起对职业敬畏、对工作执着、对产品

负责的理念。工匠精神包含的爱岗敬业、精益求精等职业理念有利于强化劳动者的职业认同感，鼓励和引导广大劳动者勇于承担自己的使命，把工匠精神引入到劳动者的工作中。在长久的工作中，工匠精神所蕴含的优秀品质将会融于劳动者的技艺中，劳动者一丝不苟、追求完美的职业理想将与产品融为一体。这样，既能给社会提供更加精细的产品和服务，也使从业者从中获得职业满足感，实现自我价值。引导劳动者以大国工匠为榜样，学习专业知识，提升职业技能，传承工匠精神，能够促使精益求精、不断创新的优秀品质成为劳动者的价值追求和行为规范。

## 主题阅读

### 不吃老本、不断钻研的大国工匠

2021 年 6 月 29 日，湖南华菱湘潭钢铁有限公司焊接顾问艾爱国被授予“七一勋章”。

1983 年，凭借着对焊接工艺的钻研劲儿，还是一名焊接普工的艾爱国被选入了新型贯流式高炉风口攻关团队。“高炉风口的研制原理简单，就是把锻造出来的紫铜和铸造出来的紫铜焊接在一起，但是用当时常规的焊接方法都做不好。”艾爱国说。

“氩弧焊。”项目负责人口头说的一个词，引起了艾爱国的注意。在当时，对这种大型特殊材质部件采用氩弧焊，国内还没有先例。“没有就试！”艾爱国和团队成员一边论证，一边试错。

100 多千克的铜料被焊枪加热后产生的热辐射，透过石棉隔热板和石棉手套，依旧能炙烤皮肉。“只好在工作服里面多穿厚衣服。”艾爱国说，即便是这样，每一次焊完，他的双手还是会被烫出血泡，衣服被汗水浸湿后又被烤干，硬得好像被浆洗了一遍。最终，艾爱国和团队成员把交流氩弧焊机改造成直流焊机，焊枪也被改造成耐高温设计。这一项目后来获得国家科技进步二等奖，艾爱国是获奖的 9 人中唯一一名普通工人。

中国从缺钢国家发展到钢铁大国，继而迈向钢铁强国的历史进程，艾爱国是见证者，更是参与者。

2020年，华菱湘潭钢铁大线能量焊接船舶系列用钢在国际机构见证下，顺利通过性能检测，这标志着湘钢已完成该系列用钢船级社认证的关键环节。

艾爱国说，这种船用钢板需要承受极高的焊接热输入。而这一关键指标的验证，需要由焊接试验完成。艾爱国带领焊接团队，与湘钢材料研发团队联合攻关，十年磨砺，一朝功成。多年来，湘钢研发的上百种新型钢材背后，都有艾爱国带领的焊接团队的默默付出。

“七一勋章”获得者艾爱国

2022年，已经是72岁的艾爱国并不“落伍”。他会用电脑做幻灯片、画工艺图，能熟练收发电子邮件，还能写学术文章。“吃老本没有用，靠名气没有用，只有不断学习，才能跟上时代的步伐。”艾爱国说。

**思考：**结合大国工匠艾爱国的事迹，思考和挖掘优秀的工匠是如何实现个人价值的？

弘扬工匠精神有助于提高劳动者的职业素养，促进劳动者实现全面发展，从而使工匠精神成为提高劳动者职业技能的有力推手。从一名普通工人成长为国之重匠，沉甸甸的荣誉是艾爱国一路走来不懈奋斗的见证，也是对工匠精神最好的诠释。他将自己个人的成长融入我国焊接事业的发展中，用自己的亲身实践，诠释了产业工人追求卓越技艺、实现技能报国的最高境界。

### （二）社会层面：工匠精神的普及是社会发展的需求

工匠精神在社会上引起强大共鸣，是因为它契合了现实需要。在物质经济飞速发展的时代，工匠精神所代表的踏实沉稳、精益求精，是对完美事物和高尚人格不懈追求的表现，它是树立爱国、敬业、诚信、友善社会主义核心价值观，以及建立崇尚劳动新风尚的内在要求。工匠精神的培育能够提醒人们静下心来钻研技艺，并且能够激发劳动者的劳动热情。

全社会逐步形成对于“工匠精神”的制度和文化支撑，全社会尊重工匠、崇尚“工匠精神”的氛围日渐浓厚，其实质是对劳动和创造的尊重，是对敬业奉献的倡导，这既是培育和弘扬“工匠精神”的必要条件，也是社会文明进步的重要表征。

## 主题阅读

### 与壁画的一场修行，用生命守护文物

一千年前，中国面向外部世界的前沿在西部，而敦煌便是其中一扇最宽阔的大门。敦煌文化结合了极具特色的西域文化，更蕴含着中华民族的精神和胸怀。

**89 岁，65 年，两万天面壁**

李云鹤讲述守护文物的故事

“从不知到知，由少知到多知的摸索，才慢慢进入了敦煌的艺术之海之中。”在很多时候，敦煌文物保护工作就是这样，没有现成的经验，必须边干边摸索，必须有舍我其谁的勇气和破釜沉舟的决心。从历史上自主修复的第一座莫高窟 161 窟开始，李云鹤就这样在全无修复经验借鉴的情况下坚守敦煌文化 65 年。从那之后，李老开始了两万余天的面壁工作，写满了 100 多本日志，修复了 4 000 多平方米壁画，500 多身塑像。而现在，89 岁满头华发的李老依然身穿深蓝色工作服，穿行在各个洞窟之间。李老的儿子、孙子、孙女也都同样在从事着文物保护工作，坚持守护和传承着祖先的艺术。

**被“藏起来”的壁画**

李老说，曾对自己修复工作的最高评价是根本看不出修过。要以旧修旧，可不能修旧如新，是文物修复工作的宗旨。而李老在摸索从未有人干过的修复工作期间，有过哪些创新呢？

随着历史变迁，各朝代的工匠会在原有壁画上刷层粉底重新作画，而距今发现最多的竟能有 5 层不同时期的壁画。李老就曾经发明了一种重层壁画整体揭取的技术，再现了许多被“藏起来”的精美壁画。简单说，就是这项技术全方位将壁画从墙上整体揭取下来，再将从外层揭取下来的壁画“搬家”至新的位置。这样既能使得外层的壁画不受破坏而保留下来，也能将里层精美的壁画再现。敦煌莫高窟的第 220 窟，就是通过李老的技术，从而可以看到许多不同朝代不同时期精妙绝伦壁画的。李老说，如果通过壁画整体揭取的技术再现壁画，现在 4 万多平方米的敦煌壁画甚至可以增加到 5 万平方米都不止，可见在壁画后面还藏有许多我们没有发现的秘密。

**与壁画的一场修行，用生命守护文物**

几十年的文物修复经验，使得李老成为最懂欣赏壁画之美的人，也是最懂壁画“病痛”的人。在大国工匠 2018 年度人物中，李老被誉为“壁画医生”。节目中，李老坦言与壁画相处的几十年间，修复工作对他自身的改变也非常大。李老曾是个急性子，而多年与敦煌艺术在一起，更像是一场与壁画共同进行的修行，使现在他的性格变得如此平静。

在一次壁画保护过程中，由于壁画过重，脚手架瞬间塌了下来，李老的第一句话却说的是：大家把壁画抓好。最终，壁画完好无损，可李老的胳膊上却留下了不少伤疤。几十年来修复文物的经历中，李老从未失误过。他也不断与学生们传递着这样的信念——文物保护工作就该用生命守护文物，从而传承和弘扬祖先留下的艺术。

**思考：**结合自己的工作实际，谈一谈能从大国工匠李云鹤那里学到什么样的工匠精神？

工匠精神是一种高度认同、敬业乐业的精神。李云鹤深深地热爱着自己的职业和岗位，坚守在敦煌文物保护现场的岁月，是他对工匠精神最好的践行，这也是对社会主义核心价值观中“敬业”价值的最好诠释。只有对自身职业和工作有





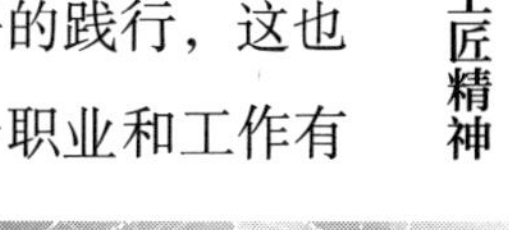

高度认同，才能终身从事并达到至高的境界。爱业敬业先进人物的精神引领，有助于全社会形成良好的劳动氛围和建设热情。

### （三）国家层面：工匠精神是提升国家品牌竞争力的重要保障

现代经济越来越呈现为品牌经济。在市场经济下，品牌是动态的、无形的，但它能够带来丰厚的经济价值。塑造良好的品牌形象，对于一个国家来说非常重要。陶瓷、丝绸和茶叶等产品是古代中国具有世界影响的品牌产品，被世界各国所尊崇。而现在经过改革开放 40 多年来的发展，我国早已成为世界第一制造业大国，全世界到处都是“中国制造”的产品。未来中国，想要成为制造强国、创造强国就需要打造国际知名品牌，在全世界树立起制造强国的国际认知，就必须在全社会大力弘扬以工匠精神为核心的职业精神。只有当工匠精神融入生产、设计、经营的每一个环节，实现由“重量”到“重质”的突围，国家发展才能赢得未来。

工匠精神铸就中国梦，推动中国制造业崛起、实现中华民族伟大复兴需要发挥每一个劳动者的积极性、创造性，将“国家梦”与“个人梦”有机结合在一起。

## 主题阅读

### 让世界听到中国的“芯”跳

徐遥令，深圳创维–RGB 电子有限公司主任工程师，正高级工程师、深圳市地方级领军高层次人才、宝安区高层次人才、宝安大工匠，获得中国专利优秀奖 2 次（第一发明人）、广东省杰出发明人奖、天津市科技进步一等奖、广东省科技进步二等奖、深圳市科技进步一等奖。

在过去很长的一段时间，中国彩电业饱受着“缺芯少屏”之痛，TV SoC 芯片长期被本土外的品牌所垄断。为此，创维联合华为海思开展“卡脖子”技术攻坚，徐遥令临危受命任项目负责人和整机系统设计师之一，带领技术“尖刀班”挺上“第一线”，在国外技术封锁、国内资料奇缺的困局中，研制出中国首款 TV SoC 芯片和整机，并实现千万台级量产，让世界听到中国的“芯”跳。

技术交流中的徐遥令

谦虚、简单、执着、敬业、创新与改进，对于工匠精神，徐遥令是这么理解，也是这样做的。回望坚守研发的15年，责任和使命已深深刻在他的骨子里。他说，动力其实很简单：就是热爱工作，因热爱工作而勤奋工作，因勤奋工作而收获成果，因收获成果而使内心感受喜悦和自豪，因喜悦和自豪而充满热情和力量并继续热爱工作。

2006年，研究生毕业后徐遥令入职深圳创维–RGB电子有限公司。越是深入电视技术行业，徐遥令越是清晰地意识到中国彩电业“缺芯少屏”的困局。面对复杂的形势，造“芯”的历史使命沉甸甸地压在他和团队的身上。在这场看似不可能完成的芯片突围战中，徐遥令的造“芯”意志从未屈服，他开始在新领域“摸着石头过河”。然而，探索的路上，过河的石头很难寻找。一方小小的芯片，为何如此之难？以28纳米技术为例，集成度相当于在指甲盖大小的面积上制造出10亿个以上的晶体管，其中，每根导线的直径相当于人体头发丝的三千分之一。作为首款国产TV SoC芯片和整机想要得到顾客和行业的认可，必须要有领先的性能，这是他们面临的又一个挑战。

为了抢抓进度，徐遥令周密审查每一项设计、深究每一个出现的问题、积极思考可能的风险和应对措施，加班加点夜以继日地持续奋斗。在芯片还在流片时，他就带领团队同步设计出了配套的软硬件系统、搭建平台，为芯片测试验证提供一个完整方案，极大加速了芯片完善成熟。

经过反复的琢磨、反复的修改、连续不断的试验，徐遥令和团队不断突破自己的技术界限，在屡战屡败、屡败屡战中成功研发出中国首颗 TV SoC 芯片和首款国产 TV SoC 智能电视。“从设计、生产、封装到下游终端产品应用，全部在中国完成。”这款芯片也标志着中国彩电业实现国产芯片“零”的突破。

2016 年，国产芯片批量应用实现了 200 万台。但这仅占中国整个电视市场的 3%。为了推动国产芯片的应用，2017 年他又执行了另一个国家核高基课题“国产 SoC 芯片智能电视规模化应用”，主导解决了大规模应用技术及成本瓶颈。到 2019 年，国内市场的国产 TV SoC 芯片占比达 40% 以上，彻底打破了芯片被垄断的局面，中国彩电行业成功实现突围。

芯片之争，是一场没有硝烟的战争，也是一场智慧的交战。徐遥令说，必须突破技术瓶颈，坚持创新驱动、推动科技自立自强，才能甩掉“卡脖子”的手。

**思考：**掌握核心技术的自主权，对于中国制造的意义是什么？

匠心是工匠精神的根本，是对初心的坚守和对浮躁的拒绝。新时代新征程上，广大技能人才要在传承工匠精神，涵养“匠品”、磨砺“匠能”、凝聚“匠力”中，点亮“赶考”路上的璀璨星空，托举起中华民族伟大复兴的美好蓝图。

# 4.2　理解工匠精神

## 一、工匠精神的特征

工匠精神是劳动者的一种职业价值取向和行为表现，融职业道德、职业能力、职业品质于一体。各行各业的技术型、知识型、科技型、创新型劳模的核心精神特质，都可以归结为工匠精神，既体现了勤劳之美的精神本色，又展示了创造之美的价值升华。

工匠辛勤劳作，为国家、社会和人民提供各种生产、生活所必需的产品，他们钻研技艺、不断革新，有效促进着社会生产力和产品质量的持续提升；他们创造价值、积淀文化、凝聚精神，推动着人类社会的文明之旅不断前行。他们中的精英分子，甚至能够以自己的智慧和成果，在自己辛勤劳作的领域引领变革、造福时代、福泽未来。

建设社会主义现代化强国，需要千千万万的能工巧匠。大力弘扬工匠精神，应成为新时代劳动者的一种价值追求和行为导向。尽管表现形式多种多样，自从共同特点来看，工匠精神具有传承性、时代性、创新性和引领性。

### （一）传承性

我国自古以来就有着独特、悠久的工匠文化和工匠精神，是名副其实的“匠人之国”。随着我国古代政治、经济、文化、科技等方面的不断发展，能工巧匠大量涌现。工匠精神在中国传统文化话语语境下强调尊师重道、道技合一，主张通过吃苦耐劳、用心专一来达到物我一致的境界，这种深厚的工匠精神代代传承。在当代中国，工匠精神则呈现出超越创新、执着专注、精益求精、爱岗敬业的精神特质。

**主题阅读**

## 《考工记》中的“工匠”

《考工记》出于《周礼》，是中国历史上的春秋战国时期记述齐国官营手工业各工种规范和制造工艺的文献，是中国所见年代最早关于手工业技术的文献。

《考工记》开篇一章中说：“知者创物，巧者述之，守之世，谓之工。”最聪明有才的人创制器物，其次工巧之人则加以传承，并世代守护，这些人就是我们常说的能工巧匠（工匠）。

《考工记》将工匠分为六类，分别为攻木之工、攻金之工（金属冶炼加工）、攻皮之工（皮革加工，俗谓皮匠）、设色之工（主要是为器物画绘施色等）、刮摩之工（主要是玉器加工，雅称玉人）、博埴之工（以泥制陶器）。六类工匠之下，又各有工种之分。“攻木之工”为第一大类，又分为7个工种：轮、舆、弓、庐、匠、车、梓。

当时造马车，除了需要“攻木之工”，还需要“攻金之工”“攻皮之工”制作车上的一些配件和装饰等，而新式青铜乃至铁制工具的出现更推动了木工工艺水平的提高。也就是说，“攻木之工”水平的高超，也取决于“攻金之工”工具制造水平的先进。所以，《考工记》说：“一器而工聚焉者，车为多。”造车技术的高低是一个国家制造水平的综合体现。

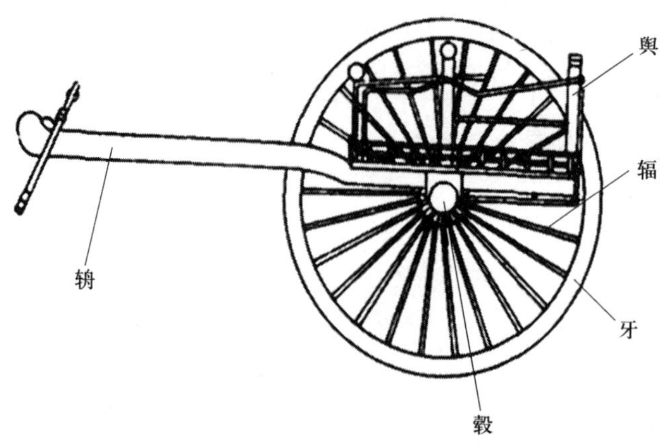


《考工记》中车制示意图

在《诗经·秦风》中有一首长诗叫《小戎》，就对秦国的轻便战车做了描绘。通过描绘，我们可知，那车小而且美，坚固而且奢华。那弯曲如舟的车辕上缠饰着“五”字花纹的皮革；连接马和车的皮带，则扣有闪亮的白铜环；车座上还铺着新鲜的虎皮。这些配件，正是除“木匠”之外其他种类工匠的匠心配合。

**思考：**从《考工记》中可以看到中国传统文化中的工匠精神体现在哪些方面？

《考工记》问世于春秋战国时期，是我国最早也是领先于世界的手工艺专著，其中，对于造车工艺技术的记载也为同期西方所无。这让我们看到了中国古代工匠的伟大创造，看到了工匠们的辛勤劳动和卓越技艺，这些卓越的技艺也彰显了中华文明和中国智慧。

### （二）时代性

工匠精神是经济社会发展的时代产物。21 世纪，伴随着互联网、人工智能等新技术的发展，伴随着中国特色社会主义新时代的到来，“工匠”的内涵也产生了新的变化，它不仅仅是指传统的手工匠人，还包括新时代通过终身职业培训培养出的众多高技能人才。

## 主题阅读

### 产业升级渴求更多高技能工匠人才

一大早，浙江万安科技有限公司人力资源部部长周薇薇就开始查看招工计划进度表。“目前，企业员工有 3 000 多人，高技能人才只有 300 多人。”周薇薇坦言，现在工厂里的机器通过更新换代智能化程度很高，这对技术工人提出了更高要求，企业为了补上高技能人才的缺口，一方面，通过传帮带，帮助新员工尽快成长；另一方面，通过校企合作，从技校直接补给高技能人才。

其实，“万安”的问题并非个例，绍兴市人力资源社会保障局开展的企业用工情况调查显示，不少企业缺技能人才，尤其缺高技能人才。为了招到高技能人才，不少企业开出了高薪，如中芯集成电路制造（绍兴）有限公司招聘工艺工程师，月薪开出 1 万～2.5 万元。

制造业的发展后劲足不足，关键还是要看高技能人才。绍兴市人力资源社会保障局职业能力建设处处长沈淑杰表示，高技能人才除了“招引”，还得靠“培育”，市人力资源社会保障局鼓励企业利用生产空档期组织岗位练兵，并给予一次性最高 2 万元补助。

前不久，绍兴柯桥水务集团排水有限公司的焊工丁卫松获评正高级工程师，此消息一出，让本地不少技校的老师和同学们信心倍增。“我们还会继续开展浙江大工匠、浙江杰出工匠、浙江工匠和浙江青年工匠等优秀技能人才遴选工作，从岗位一线进行选拔，培育新时代绍兴工匠队伍。”绍兴市人力资源社会保障局有关负责人介绍，接下来将积极探索建立技工院校教师与企业高技能人才的交流机制，选派技能大师到技工院校做兼任教师，发挥“传帮带”作用，加快培养高技能人才的步伐。

**思考：**新时代，我们为什么需要更多高技能工匠人才？

在实现第二个百年奋斗目标、全面建设社会主义现代化强国的新征程上，高层次的技术技能人才队伍对推动经济高质量发展具有重要作用。重视技能人才培养，培育更多能工巧匠，对企业、行业的长远发展来说，意义深远。新时代，我们更需要大力弘扬和践行工匠精神，崇尚精益求精，不断提高产品和服务质量。

### （三）创新性

创新是一个民族进步的推动力，是工匠精神的内在品质。习近平总书记指出：“无论时代如何发展，我们都要激发守正创新、奋勇向前的民族智慧。”在这个经济发展日新月异的时代，唯有创新才能赶上时代的步伐；唯有创新才能赢得更为广阔的发展空间。杰出的工匠带给我们的不仅是他们的创新成果，更是他们的创新意识和推陈出新的思维方式。努力钻研技术，推动技术创新，成为弘扬工匠精神的重要主题。

## 主题阅读

### 走在技术创新路上的闯关者

2019 年，在第十四届高技能人才表彰大会上，河北港口集团秦皇岛港股份有限公司杂货分公司散粮部张海波荣获了“第十四届中华技能大奖”。

工作中的张海波

工作 30 多年来，他在现代港口生产运营中，用勤劳和智慧创新解决了一系列电气技术难题，总结出一整套电气维修技术指导教材，从一名普通电工成长为国家级技能大师。

知识并不等于智慧，但知识必须转化为技术创新的智慧。张海波说：“创新需要多问几个为什么。”他参与技术创新，深刻感受和见证了创新给工作带来的巨大变化。工作中他发现，在装载散粮等货物时，采用的是人工操控绞车的办法去拉动沉重的火车车皮，使其对准仓位。他决心一定要改变这种与现代化大港极不相符的作业方式。他了解到这套日本生产的设备，一定是在设计方案和控制程序上出现了错误，才导致了人工操纵绞车问题的发生。可现在与日方的合同已经终止，如果请日方来费用高昂怎么办？经过一番认真思考，在征得领导同意后，他决定自力更生、自己动手，改变这种笨拙的作业方法。在此后两个多月的时间里，他夜以继日地研究，不知熬过了多少个不眠之夜，不知修改、调整、升级了多少次控制电路和 PLC 控制程序，终于，他成功了。张海波重新编制出一套符合生产实际并且具有自主知识产权的 PLC 程序，从而使沉睡了多年的散粮装车自动化控制系统终于苏醒了。

作为新时代的产业工人，张海波总是说："我们要培养自己的科学精神，用宽广的知识面和创新的工作态度面对每一个问题，就没有什么解决不了的难题。"

**思考：** 结合自己的工作或学习，谈谈你如何提升创新能力。

一个看似很难的问题，通过创新性思维便得到解决。如果固守于一种思维，总是依照传统的模式去工作，我们的工作能力就难以得到比较大的提升，久而久之，工作动力就会大打折扣。因此，要试图去打破固有的思维和模式，不要让创新只停留在理念层面，去付诸行动，通过技术创新、产品创新，不断磨炼技艺，坚守匠心与创新，向着更远的目标迈进。

### （四）引领性

工匠精神不仅是个体的精神品质，也是社会宝贵的精神财富。优秀的工匠往往以精湛的技能、精益求精的精神和高尚的品格感染着身边的劳动者。当今，造就一支宏大的知识型、技能型、创新型劳动者大军，不仅要全面提高劳动者的素质，还要在全社会大力倡导工匠精神，形成各具特色的工匠文化，将工匠精神融入社会主义核心价值观，引导更多人尊重劳动者、崇尚工匠精神，激励更多劳动者学习技术技能，引领社会的发展和进步。

## 主题阅读

### 将工人的脚变成机械脚

黄俊是江苏省劳动模范、江苏恒力制动器集团首席高级技师、维修电工班长。与机器打了20多年交道，黄俊凭着一股勤奋钻研的韧劲，自学成才，成长为企业最年轻的首席高级技师。2014年，在工会部门的支持下，江苏恒力制动器集团成立了以黄俊为首的"技师创新工作室"和"技能大师工作室"。

自从成了工作室的领衔人，黄俊深知自己已经不是一个人在战斗，而是要带领一个团队向前冲。为了让这个团队快速成长，黄俊充分发扬劳模的先锋模范作用，牺牲了许多休息时间，对工作室成员进行传帮带。从进入工作室开始，黄俊就和成员签订"师徒合同"，不遗余力带领徒弟掌握新技能。在黄俊的影响下，创新工作室形成了学习技术、钻研创新的好氛围。

黄俊还善于在实践中带领工作室成员共同成长提高。此前，江苏恒力制动器集团购买了很多自动化设备和加工中心，如果这些设备过了保修期，请外部人员进行维修，维修费用会非常高。黄俊带领工作室成员研究这些自动化设备的图纸，在生产现场记录每一个程序动作和参数，把这些设备的原理全部研究透彻。

黄俊带领工作室成员研究技术

以前的汽车制动检测装置需要工人用脚去检测，经过长期的摸索和研发，黄俊领衔劳模创新工作室设计出气压盘式制动器“制动间隙自动检测、蹄拉力检测流水线”，将50只工人的脚，变成50只机械脚，确保了汽车制动装置生产达到百分之百的合格率。这项产品已经成功成为国内众多大型汽车制造商验收汽车制动装置合格的配套装置，为公司节约了200多万元的技改资金，每年产生经济效益一千多万元。这个产品被评选为中国汽车科学技术三等奖和中国汽车工业科技进步三等奖，为保障汽车的安全性能做出了很大贡献。

一个好师傅带出了一个好团队，黄俊将精益求精的工匠精神传承给了工作室成员。如今，黄俊劳模创新工作室硕果累累。

**思考：**结合自己的工作岗位，你如何理解黄俊所说的“自己已经不是一个人在战斗，而是要带领一个团队向前冲”这句话？

打造出质量过硬的产品，带出一班技能卓越的队伍，黄俊充分发扬了工匠精神。正是有黄俊带领出的一班高素质的产业工匠队伍，企业才能在激烈的市场竞争中稳居行业前列。对于每一位劳动者而言，发扬工匠精神，更应落实在行动上，对产品和服务负责、对工作执着、在技术上持续精进，并且影响周围的人，才能在自己的工作岗位上实现更大的价值。

## 二、工匠精神的内涵

工匠精神的主要内涵，即执着专注、精益求精、一丝不苟、追求卓越。专注、精益、创新、卓越的工匠精神是个人成长的指引，一个人走上“工匠”这条路，在未来是大有可为的，前途也是光明的；工匠精神是企业发展的重要助力，一个企业要想制造出高质量的产品和提供高质量的服务，势必需要大量的高素质“工匠”型员工；工匠精神更是国家发展的动力，对推动我国由工业大国转变为工业强国，将起到无可比拟的作用。

新时代工匠精神的基本内容包含了执着专注的工作态度、精益求精的能力素养、一丝不苟的履职信念、追求卓越的责任使命。这些特质互为表里，相辅相成，集中体现了工匠对于职业、器物、劳动的热爱，与伟大创造精神、伟大奋斗精神、伟大团结精神、伟大梦想精神相互契合，共同构成了新时代奋勇向前的强大精神动力。

### （一）执着专注

执着专注是指劳动者对自己的工作内容、工作细节执着、坚持的职业品质，这是优秀工匠必须具备的优秀品质。何为“匠人之心”？首先就是执着，它是指对某一事物坚持不放，对某种事物追求不舍，心沉得下来。只有执着地专注于某一项工作，经过比较长时间的积累，才能把产品做细、做精。执着，不仅造就了高品质的产品，也推动技术认知实现由量到质的转变，成为创新能力提升的源泉。专注是指心无旁骛盯住自己的目标，不被困难所压倒，不被逆境所屈服，一心一意走好自己的路。专注不是抓着一件事不放，而是在做事时，全身心投入。只有在心无旁骛的情况下才能将自己的潜能全面发挥出来，才能将事情做到最好。对于劳动者来说，要倾注全力地踏实认真工作，沿着明确的方向前进，不断投入心力，不分心。只有当我们具备专注的态度，我们的专业技能才会不断得以提升。打造专注力，如同打造精品，只有聚焦一点，才能钻研透彻。

潜心钻研、锲而不舍是执着专注的核心。只有具有潜心钻研、锲而不舍的精神，才能在平凡的工作中锤炼自己的才干，施展自己的抱负，实现自己的价值。

#### 1. 潜心钻研

潜心钻研是专注和工匠精神的表现之一。“潜心”就是指劳动者要远离浮躁，把心沉下来。“钻研”就是指劳动者要肯下一股拙劲儿去干工作、研究工作。钻研





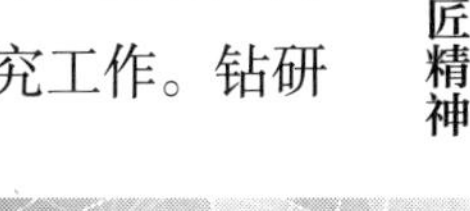

是一种做事的态度，而这种态度的形成并不是一蹴而就的。例如，对于刚从校园毕业的学生来说，在工作的过程中熟悉业务、积累经验是最重要的。只有调整好心态，才能在平凡的岗位上发光。优秀的员工，之所以能在竞争中常胜不败、能在事业中成绩斐然、不可替代，是因为他们具有寻常员工所不具备的潜心钻研的精神。

德国思想家歌德曾说："无论从事什么样的工作，只要具备了一颗专注的心，一定会有所成就。"在科技和社会分工高度发达的当代，工匠们大多需要在一个更加细分的岗位上，钻研自己的技术，练出自己的绝活。这种细分岗位上的"绝活"是机器所无法取代的，也是决定产品质量的关键。因此，作为劳动者，只有潜心钻研于某一领域，甚至某一领域的某一方面，才能做到精通和专业。

## 主题阅读

### 用一万次坚持换一次成功

1999 年，王军的父亲去世，家里无法负担他和哥哥两个人的学费，他只好辍学打工，揣着 20 元只身从老家山西省昔阳县到了榆次市的一家餐馆干活儿，每天的工作就是洗碗、择菜、掏地沟，一个月挣 90 元。本以为能够暂时稳定下来，但事与愿违，老板借口解雇了他。

虽然丢了工作，但这也成为王军真正开始接触面点行业的起点，之后，他在一家较大的餐厅找到了一份刀削面学徒工的工作。

头 3 个月，王军没拿一分钱。他说："当时我已经没有退路了，只能一股脑地削面，练习的时候，为了不浪费面，就每天用削面师傅废的面、胡萝卜、茄子皮练手感，晚上大家都睡了，我还在练。"努力终于有了收获，他逐渐有了工资。

2004 年，王军和所有心怀梦想、想拼想闯的年轻人一样，一个人从榆次到了北京，他来到菜市口的一家面馆削面。"那时候，我用弯刀削面的功夫在北京没几个人会。"半年后，在 2004 年年末的春晚上，他看到了一个名为"高车踢碗"的杂技节目，王军挠着头说："当时，我就想，能不能把杂技和拉面结合起来，将拉面也变成一门可以欣赏的艺术。"

他毫不犹豫地辞了职，回到了山西老家，决定闭关潜心钻研这门艺术。这一闭关钻研，就是一年零三个月。家里不支持他练杂技，但母亲拿出了家里半年的生活费给他买杂技道具，王军没有专业指导，纯粹自己琢磨，练习独轮车摔得浑身是伤，甚至骨折，大腿两侧练得走不了路。

2006年，王军带着他苦练出的技能，又回到了北京。他开始长期在餐厅表演削面拉面，带着他的一技之长上了很多电视节目，2008年奥运会期间还当选为“北京十大明星标兵”，先后挑战了三项吉尼斯世界纪录——世界上最快拉面，世界上最长拉面，世界上最贵一碗面。

就这样，王军成了餐饮圈内小有名气的拉面师傅。

但他似乎并没有把自己当成个“拉面明星”，他一头扎进了厨具杂技的世界里，想着把厨房那些事儿都琢磨清楚。嘴转盘子、手指转铁锅、耍菜刀、鼻顶啤酒瓶……又花了两年时间，就在表演餐厅的地下室里，王军把这些技能一一练出了门道。

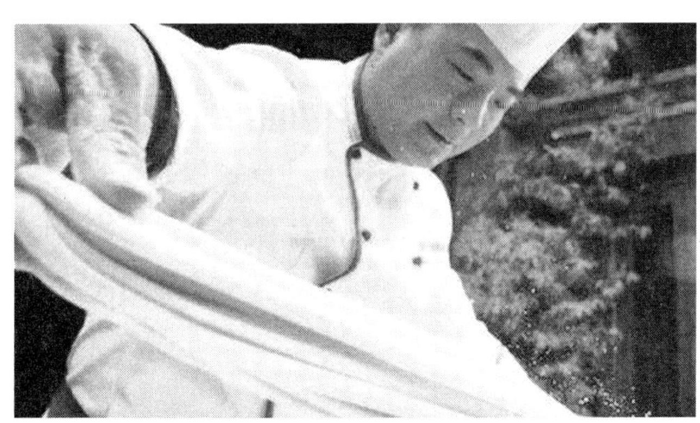

王军练习拉面技巧

“瓶子盘子摔碎，耍刀划破见血啥的，都是常事儿了。”王军的徒弟任志忠从2007年开始就跟着他学艺，在他看来，王军这一路走得十分不易。任志忠说：“他付出了很多难以想象的努力，有些故事我们都觉得不可思议，从他身上真的学到很多。”

王军说：“我是一个从农村来的孩子，一路走来，是技能改变了我的人生。对技能的崇尚，让我知道执着专注的意义，就是不断练习、不断改进，一次不行就十次，十次不行就一百次，甚至一千次、一万次，决不动摇。用一万次坚持，换一次成功，值得！”

**思考：**结合王军的故事和自己的工作实际，想想在工作中如何才能做到专注？

王军的故事表明，潜心钻研是对事业执着坚守的表现，是心无旁骛的工作态度，同时也是对责任的一种果敢担当。王军说："要做就要做到最好！"这是他对责任、对执着专注的深刻理解。

2. 锲而不舍

锲而不舍是专注和工匠精神的表现之一。锲而不舍是指干好一件事情要有恒心、有毅力，遇到再大的困难，也坚决不放弃。这个词来自《荀子・劝学》中的"锲而不舍，金石可镂"，意思是只要不停地雕刻，即便再坚硬的金属和石头也能雕刻成功。荀子以此阐明了一个亘古不变的人生哲理，就是人生一定要有追求，更要有毅力、有恒心，只有坚持不懈、持之以恒，才能获得成功。纵观古今中外，绝大多数成功人士的一个共同的特点就是有着坚强的毅力、锲而不舍地向着自己的目标奋斗。

英国艺术评论家罗斯金曾说："来到这个世界上，做任何事都要全力以赴。"他的这个观点正好与工匠精神相契合。只有带着目标上路的人，才能点燃内心的激情，才能收获人生道路上的一粒粒果实，才能成就明天的辉煌。在工作中，一些人会有拖延的习惯，因为他们感觉自己距离目标过于遥远，而缺乏行动的勇气；而另一些人却始终按照计划，一步一个脚印，脚踏实地地向前迈进，不断缩小着与目标的距离。

有了目标，有了计划，更有了热情的行动，就一定会成功吗？当然不一定了。即使有了行动，如果不能锲而不舍地坚持下去，成功也只会远远地停留，不会靠近。所以，无论什么人，无论做什么事，一旦选准目标，就应该执着、坚定地按照设想的计划朝着目标进发，不能轻易地改变方向。

**主题阅读**

## 锲而不舍制造第一只航海钟

约翰・哈里森是世界上第一只航海天文钟的制造者。

1714 年，英国政府悬赏 2 万英镑，聘请英国皇家天文台的专家们来解决一个问题：从英国出发，往西航行到西印度群岛，航海钟要能保持经度测算偏差在半度以内，也就是 2 分钟时间。

这在当时被看作一个科学难题。但21岁的业余钟表匠约翰·哈里森却开始琢磨这件事情：如果从英国出发的时候带只表，这只表一直显示格林尼治时间，只要时间恒定，问题不就解决了吗？按照这个标准，这只表每天的误差要在2.8秒以内。

而在当时，制造精确的钟表是十分困难的事。在伦敦，约翰·哈里森走访了无数个五金制造铺，找铜匠和铁匠帮忙制作和调校零件。

1735年，他终于造出了第一只航海钟H1。H1有一个突破性的设计：它抛弃了随地球重力偏向而失准的钟摆，使用了金属发条，其对称的结构能够平衡移动和颠簸带来的扰动。H1造出来之后，科学界轰动了，约翰·哈里森的家每天被上门打探消息的人围得水泄不通。

约翰·哈里森始终没有停止对钟表的研究。从1735年到1772年，在将近40年的时间里，约翰·哈里森制造了5只航海钟，将又大又沉的表改良为一只直径仅为13厘米的表，并且表从未出现过超过8秒的误差，完美地解决了航海经度定位问题。

约翰·哈里森的第一代航海钟

**思考：**从约翰·哈里森的故事中你能得到什么启示？

约翰·哈里森，一个出身贫寒的工匠，从21岁到83岁，用尽一生的时间打造改变航海命运的钟表。制造精确的钟表在当时是何其困难的事情，但约翰·哈里森却很执着，努力解决在制造过程中遇到的问题。约翰·哈里森用他的技艺、执着和解决问题的能力，震动了整个天文学界。这种精神正是我们所需要的工匠精神——用一生的时间去钻研一件事。这种潜心研究、挑战自我的精神激励着无数的劳动者。

### （二）精益求精

精益求精是指把事情做得非常出色，但还要追求极致的一种职业精神状态，是优秀工匠们共同具有的思想特质和从业准则。“要做就做到最好。”工匠用严谨的工作态度、纯粹的专业眼光严格审视自己的工作，他们一板一眼，一丝不苟，在精、细、实上下足功夫，不允许自己的产品有任何瑕疵，用心工作，在每个细节上精雕细琢，力求每一件作品都是精品乃至极品。那些“百年企业”之所以能够在市场上长久存活，依靠的就是员工精益求精的工匠精神。

注重细节与追求极致是精益求精所蕴含的两个方面。曾国藩说：“若能事事求精，轻重长短，一丝不差，则渐实矣，能实则渐平矣。”意思是说，如果每件事都能做得精益求精，大小轻重都分毫不差，就会慢慢变得踏实。人一踏实，心态就能平和，做事也就平稳。一件产品的完成不仅仅需要热情，更需要在每个环节全神贯注审视细节。

1. 注重细节

注重细节是精雕细琢的起点，也是精益求精的准则。它是指劳动者关注事实和细节问题，既考虑到全局，又深入了解工作过程中各个环节的关键细节，并对细节问题进行预防和控制，确保成果的完美。

老子说：“天下大事，必作于细。”细节，是劳动者迈向成功的第一步。在工作方法上，注重细节主要体现在始终严格遵循工作规范和质量标准，保持耐心，认真对待工作中的每个环节，把每个操作要求和工作步骤都落实到位，不投机取巧，不寻求“捷径”，不敷衍了事，不放过任何一个细微之处，准确把握工作中的各种细节，将平凡的工作做到不凡。苏州檀香扇厂的微雕艺术家义壁，在一把不足方寸的象牙小扇上，却刻上了1.4万字的《唐诗三百首》。在10多倍的放大镜下，你可以清楚地看到每首诗之间有空行空格，各诗独立成章，每首诗的结尾处，又有诗人落款的小红印章；更令人惊奇的是，每个字都像毛笔写的。作者根据诗句的内容，灵活地选用了篆、隶、行、楷、草、钟鼎等6种字体，布局新颖，刻工秀逸，令人赞叹不已。微雕凭肉眼和感觉完成，靠的就是日复一日练习获得的手感。一件微雕作品必须经历成千上万次的失败才能成功。微雕大师们凭借精准的眼力、专注的态度，呈现着精巧绝伦的微雕技艺。

### 主题阅读

## “一孔”之中成就“正直”人生

戎鹏强出生于1965年，是中国兵器工业集团内蒙古北方重工业集团有限公司的深孔镗工。1994年，年仅29岁的他就被评为全国劳动模范，在北重集团被称为“镗工大王”。

在北重集团的宣传廊道里，“中国保尔”吴运铎和“镗刀大王”戎鹏强的图片分列两侧，隔廊相望。

“吴运铎是我国兵工事业的创建者和开拓者之一。”戎鹏强每每有闲暇，总会在前辈工程师的事迹栏下驻足良久。戎鹏强说，走进北重集团的大门，即使闭着眼睛，也能摸到自己工作的502车间。

从进厂第一天开始，戎鹏强就把精进技能作为自己的职业目标。通过几十年如一日的摸索实践，他总结了“摸、听、看、量”四字诀——“摸”，是摸刀杆，根据摸刀杆判断刀在行走时的状态；“听”，是听机床发出的声音和硫化油流动的声音，判断机床运转是否正常；“看”，是看铁屑形状和电流表读数；“量”，是测量刀杆每分钟行走的距离和内控尺寸。38年来，戎鹏强承担了各种口径系列的身管生产和科研加工任务，他加工的身管总深度达到20多万米。

“特种钢良品率是98%。加工一根炮管需要几十道工序，决不能因为自己这1%的工序让产品报废。”戎鹏强说，深孔镗最难的是没有辅助工具，加工时根本看不到刀具在零件内部的切削状况，只能凭手感。因此，摸刀杆是深孔镗工的必备技能。

为了练就以“手”为“眼”的绝活，戎鹏强每年要用坏上千把刀具。加工各式各样的孔，用途不一样，但精度要求都相当高，孔径公差要控制在一根头发丝的三分之一之内，加工难度可想而知。

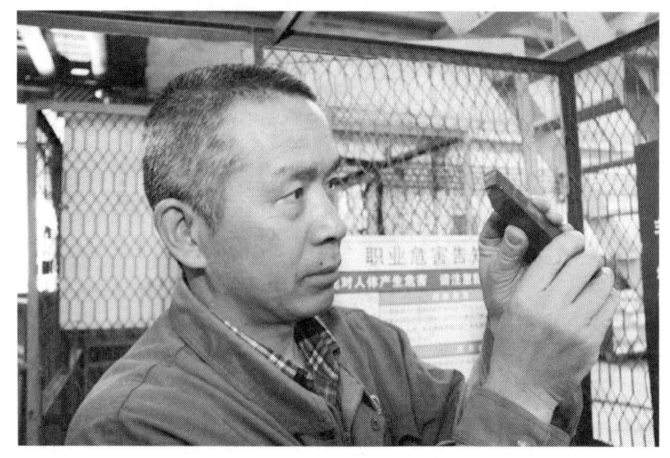


戎鹏强练就了以“手”当“眼”的绝活

2012年，一个航天、航空发射试验装置的关键部件订单，在全国“转”了几圈无人敢接——在长8米的钢质圆棒料上打一个孔径28毫米的通孔，通孔只有成人大拇指粗细，而加工深度却有3层楼高。

管体孔深长度与孔径长度之比大于100倍的圆柱孔被称为“超长径比深孔”，而该产品的长径比达到了惊人的300倍。由于加工难度极大、精度极高，国内没有厂家能够生产该产品，国外也只有法国生产过。为了打破国际垄断，戎鹏强接下了这项国家级难题。

加工过程中，由于孔径小、刀杆细长，很容易造成刀头震动、烧刀或者崩刃，同时，走刀过程中要反复测量加工内孔的尺寸，有丝毫异常就要退刀从头再来。有时他干一天活儿，只能走刀六七十毫米。

不服输的戎鹏强精益求精，他以“蚂蚁啃骨头”的精神，一毫米一毫米地向前推进。一年半后，戎鹏强成为掌握超长径比身管加工绝技的国内第一人。

“深孔加工，讲究的一个是要‘正’，一个是要‘直’。这么多年，这两个字一直是我追求的。深孔和人生一样，不能走偏。”戎鹏强说。

**思考：**请梳理你的工作环节，并谈下你是如何注重工作细节的？

戎鹏强从一个仅有初中学历的兵工人，成长为屡破国外技术壁垒的大国工匠，多次创造深孔镗领域的“中国第一”，加工良品率达到99.5%，用时光淬炼镗工技艺。他专注火炮炮管加工，几十年如一日，注重细节，精益求精，对工作时刻保持敬畏之心，用匠心打磨优质产品。全国上下无人敢接的差事，戎鹏强不仅敢接，还能够做到，而且还是完美地做到。戎鹏强用他的责任和技艺，书写着深孔镗领域的“工匠精神”传奇。

2. 追求极致

从古至今，杰出的工匠有一个共同点——他们都具有追求极致的心态，对产品技艺和品质有着“极致”的要求。

极致是指最高程度的造诣。极致不是最终的结果，也不是固定的终点，它是更好的质量、更优的品质、更高的境界，是人们心中更高的目标、更理想的状态。极致是一种工作的态度，更是一种心理模式。在杰出工匠眼中，做产品并不单单是干一份工作，更是在满足一种精神方面的需求。追求极致的过程，就是追求“没有最好，只有更好”的过程。

杰出的工匠不以生产合格品为目标而以生产精品为目标，不刻意追求当下而是放眼长远，他们不断改进工艺，提高品质效能，力求在业内长久领先，造福于世。他们习惯于把事情做到极致，如果事情没有做到他们心目中的“完美”程度，他们会寝不安席、食不甘味。如果劳动者以这样的心态来工作，做出来的产品或服务的精细程度就可想而知了。

**主题阅读**

### 做到心中极致的港珠澳大桥“首席钳工”

他曾经在港珠澳大桥建设时，参与完成 5.6 千米海底隧道工程，他靠着一把扳手和两个绝活，在深海 40 米处一颗一颗拧紧 60 万枚螺钉，实现港澳珠大桥海底隧道滴水不漏的奇迹。他就是纯朴、实在，靠着自己的努力从农民工转身为中国工匠，我国深海钳工第一人，管延安。

技术工种是劳心劳力的工作，管延安对这个行当却特别喜欢，从陌生到精通，他用扳手一下一下练出自己的“独门绝技”，无论是从速度上还是从质量上，他在公司都是拔尖的。管延安精益求精的工作态度，让他很快成长为让人敬佩的专业钳工。

2013 年，管延安所在的青岛航修厂接到港珠澳大桥项目前来招工的通知，虽然没有接触过海底作业，但他深知这次项目的意义重大，不假思索地报了名，经





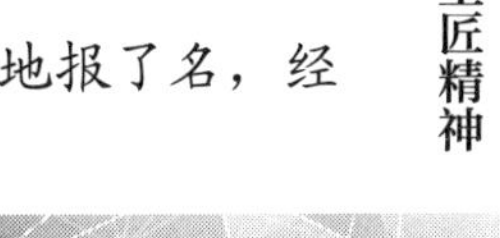

过层层选拔，他和优秀的工友们一起被选中参加到这项“世纪工程”中。管延安所负责的项目，是要在40米深的海底建造一条5.6千米长的隧道，建设技术无论是他还是国家都从未接触过，没有任何经验可以借鉴。国外找不到参考，那就自己干、自己摸索！

管延安和工友们翻资料、搞实操，将设备一遍遍反复拆解、安装，2013年4月，经过无数次的规划、测量、操作，历经四天四夜的鏖战，终于迎来第一节海底隧道沉管顺利安装的消息。

隧道建设中，最难的是确保隧道不漏水，这可是保证工程质量、工友生命安全的终极目标。目标最重要的要求，是接缝处的误差不能超过1毫米，这用肉眼几乎是看不出来的。管延安为了这个目标，在陆地上将安装阀门经过成百上千次的拆卸、安装、用手感来避免这个极微小的误差，这也是为什么他在干活时从来不戴手套的原因。

管延安在检查零件

功夫不负有心人，这个经过千锤百炼的技能成为管延安的一个绝活，到现在无论是用左手还是用右手，他都可以凭手感实现不超过1毫米的误差。

在施工过程中，经管延安的手拧过的60多万枚沉管螺钉，到如今没有一枚松动，海底隧道没有一处漏水。他说：“对待手中的活儿，我一定要做到心中最极致的状态！”

直到现在，在工作中，管延安最常用的一句话就是“再检查一遍”，每个零部件的安装，他至少要再检查三遍。正是他这种严谨、追求完美的工作态度，才有了他几十年如一日挥舞扳手创造零误差的奇迹。

管延安也凭借过人的钳工技术和为国为民奉献的精神，被媒体称为“中国深海钳工第一人”。

**思考：**结合事例，你如何理解管延安所说的“对待手中的活儿，我一定要做到心中最极致的状态”这句话？

管延安曾说："我是在工地干活，只要我做到一丝不苟、精益求精、踏实专注就好。"他之所以能够创造奇迹，正是因为他始终秉持工匠精神，不断学习，不断钻研，向师傅学，向实践学，向书本学，不怕苦，不怕累，做活做到心中最极致的状态，以匠人之心让海底隧道成为他实现梦想的舞台。他用自己的亲身经历告诉我们：成功的秘诀，就是把简单的工作做到极致。

### （三）一丝不苟

一丝不苟是工匠对待职业严谨踏实的自我要求。一丝不苟是指工匠应具有强烈的事业心、积极的进取意识、严谨的工作态度，能自觉地调整自己的行为，利用各种资源使工作成果最大化，从而使自身行为符合职业要求和企业发展需求。这是成为"大国工匠"的基础条件。

恪尽职守的职业道德是一丝不苟的工匠精神的前提基础。一家企业的员工应及时树立职责意识，才能更好地谋发展。严谨求实的工作态度是一丝不苟的工匠精神的基本要义。它体现在劳动者要以认真细致的态度，把工作扎扎实实地做好。同时，劳动者还要具备严谨的工作作风，以"严"为标尺，衡量自我，思有所悟，不断提升自身的综合素养。

1. 恪尽职守

"在其位，谋其职。"恪尽职守，又称职责意识，是指劳动者要谨慎认真地做好本职工作，这是劳动者对自己的工作岗位负责，对他人、对企业承担责任和履行义务的自觉态度。如果把劳动者比作一个骑兵，那么学历只是盔甲，能力只是武器，经验只是坐骑，而驱动骑兵前进，使之取得非凡功绩的正是他的职责意识。真正的工匠，往往视职责为使命，哪怕身处的岗位再平凡，他也会集中精力把自己的工作做到最好。

### 主题阅读

#### 像钉子一样钉在深山中的铁路养路工

1988年，19岁的王庭虎来到全国最大的连片贫困地区秦巴山区，成了西安铁路局安康工务段一名铁路养路工。他一干就是30多年，从未离开，就像千千万万普通道钉一样，一锤子下去，就钉在了秦巴山里。

王庭虎所在的巴山工务车间巴山线桥工区管辖12千米铁路线路，却有着全线最高的桥梁、最长的隧道、最小的曲线半径和最大的坡度，这里也因此被称为铁路“地质博物馆”。王庭虎和他的同事们所做的工作，就是要确保襄渝铁路的安全畅通。

“扎根山区，服务山区”的信念，从一开始，就在王庭虎的心中生根发芽，参加工作的第二年，他就把户口从安康市转到了巴山乡。30多年来，王庭虎已经记不清身边换了多少拨人，和他一道走上巴山的工友早已调离，后来的年轻人也一个个离开，但他毅然选择坚守。王庭虎说：“巴山条件虽然苦，可在祖国的版图上，我不来，别人也要来，既然来了，在一天，就要干好一天。”

巴山线桥工区四面环山，冬春雪不融，夏秋雨不停。钢轨使用寿命比其他干线要短，一年更换的大小胶垫要拉两大卡车，工作量是其他工区的3倍多。为此王庭虎每天都要背着10多斤重的工具包，徒步往返辖区24千米巡查线路。用脚数清44 160根枕木，查清441 600颗道钉有无松动。

夜间巡道难度更大，从午夜12点一直到早上7点，打着手电筒，查看每一个细小的变化。天亮回到工区，顾不上休息，接着准备下午的工作。一天的睡眠时间不足4小时。王庭虎常将自己比作道钉，他说：“身有五寸长，决不只钉进四寸九。维护线路必须尽心尽力，丝毫不能有差错，这样才能百分之百保证设备优质。”

钢轨的轨距水平关系到列车是否能够平稳运行。每个月有5天时间，王庭虎都要带领工友们沿着线路测量轨距水平。每隔4根枕木，就要用标尺弯腰测量一次，记录一次。这样测完24千米就需要1.1万次弯腰和1.1万个数据记录。26年来，王庭虎行走线路超过12万千米，一个人走了5个长征之路，为的是让轨距毫厘不差，旅客乘坐更舒适。

每隔4根枕木，王庭虎就要用标尺弯腰测量一次、记录一次

为了提高山区铁路养护技术，只有高中文化的他，天天身上揣个小本本，逐根枕木采集数据，每组数据对比分析。一次，单位安排参观一家啤酒厂，看到自动生产线上一罐罐整齐而出的啤酒，王庭虎受到启发，提出“工厂化”单元检修的新型养护模式，将每200米线路划分为一个单元，一个单元整治达标后，再进行下一个单元，大大细化了检修责任，提高了维修的质量效率，这一做法在全国铁路推广应用。

王庭虎早已将自己深深扎根在秦巴山区千里铁道线上，为了旅客安全，他像钉子一样钉在深山中，在平凡的岗位上展现着一名普通铁路工人最高的人生价值。

**思考：**王庭虎是如何做到“恪尽职守”的？

王庭虎是平凡的人，可平凡的人却在平凡的工作中孕育出伟大的工匠精神。“我不来，别人也要来，既然来了，在一天，就要干好一天。”朴实的话语彰显了王庭虎的恪尽职守、一丝不苟。在日常工作中他不惧劳苦，冲锋在安全生产的第一线，把苦干实干当成一种习惯，努力实现自己人生价值。

2. 严谨求实

严谨是一种严肃认真、细致周全、追求完美的工作态度。求实是通过客观冷静的观察、思考和探求，悟透事物的内在机理，再采取最合适的方法去解决问题的做事原则。

国家科技奖的获奖者们，在这方面做出了表率。我国计算机事业创始人金怡濂院士是后辈眼中的“老工人”，在印制电路板这项“极限”工艺中，他和工作人员一起用砂纸磨模具，用卡尺量尺寸，常常加班到深夜两三点，为的是追求“零缺陷”。在航天界，有一个故障归零标准叫做“举一反三”，“两弹一星”功勋奖章获得者孙家栋说，比如一个电子管零件坏了，火箭或者卫星上的所有仪器，都不能再出现这一批次的零件，不论好坏都不能用，因为质量是航天的生命。中国肝胆外科专家吴孟超，在手术台上做完肿瘤切除手术后不是马上去休息，而是坐在旁边看学生们缝合，有时还会提醒他们：“缝线的间距是不是太大了？”

一名优秀的工匠在施工之前，一定会做好规划，画好图样，计算工期，准备好各个环节，把各个事项充分考虑之后再进入正式的施工阶段。拥有正确的方向、完备的计划、清晰的思维和认真踏实的态度才会更接近成功。

## 主题阅读

### “雕刻火药”的大国工匠

徐立平是中国航天科技集团公司四院固体火箭发动机药面整形班组班组长。

徐立平的工作，是为火箭或导弹发动机的固体推进剂（混合固体火炸药）进行微整形。就是用金属刀具将火箭或导弹发动机内装填好的固体火炸药一点一点地削切，修整至设计要求的型面。在此过程中，危险时刻相伴，敏感的火炸药一旦遭遇强力摩擦，便会剧烈燃烧甚至爆炸。而金属刀具削切火炸药，时时刻刻在发生摩擦，要避免箭毁人亡的爆炸，对削切力量和技巧的把握十分苛刻。对此，徐立平说出了他的经验：关键在于削切的力量要均匀，速度要缓慢，千万不可心浮气躁、用力过猛。

“火药雕刻师”徐立平

说起来容易干起来难。只有亲临徐立平工作的车间，才会体会到此项工作的艰难。首先，因工作的特殊性，厂房在工作时间必须做到房门大开，不论严寒还是酷暑，那是他们危急关头的逃生之门。冬天最冷时气温在零下十几摄氏度，冻得人手脚麻木。夏天最热时还必须穿着厚实的工作服，全身包裹在汗水中，且蚊虫肆虐，脸部时常被叮咬得红肿难忍。其次，不可能端端正正地坐着削切火炸药，因为火箭或导弹发动机的大小粗细不同，药面形状复杂，在削切整形火炸药时往往要采取或蹲或跪、或趴或躺的姿势，干上一会儿往往就肩酸背疼，手都抬不起来。而这时想要控制力量的均匀，难上加难。

就是这样一个挑战个人意志力和忍耐力极限的岗位，被人们雅称为“火药雕刻”。凭着过人胆识和严谨细致的练习，徐立平练就了一手“精雕细刻”的绝活，被大家尊称为“火药雕刻师”。

**思考：**写出你所在岗位的岗位职责、工作规范和质量标准，结合以上学习内容，谈一谈在自己的岗位上应如何做到严谨求实？

正是徐立平的严谨、细致和强烈的责任感，才使他肩负重任，身怀顶尖绝技，不负航天使命。就在这样一个高危岗位，徐立平保持着整形产品100%的合格率和安全事故的零纪录。徐立平身边的工友这样评价他：“徐师傅身上表现出一种彻底而又纯粹的工匠追求，他静默平和却胸怀报国雄心，他身上坚毅、专注、严谨的精神和对岗位的挚爱，是激励大家永远向上的精神力量。”

### （四）追求卓越

追求卓越是指追求优秀的、杰出的目标。卓越不是一个标准，而是一种境界。它不是优秀，它是优秀中的最优。卓越是一种追求，它在于将自身的优势、能力，以及所能使用的资源，发挥到极致的一种状态。优秀的工匠永远不会停滞不前，他们会以崇高的使命感、自我超越的人生态度不断精进，不满足于自己现有的技艺，在工作实践中不断学习、探索，努力提升自己的知识和技能水平。他们敢于尝试新知、突破自己，在竞争中为自己赢得更大、更广阔的发展空间；他们不断地为自己设定更高的工作目标，要求自己有更加出色的工作成绩；他们敢于直面失败，勇于担当，不断向着更高更险的山峰攀登。

每一次抵达，都意味着新的出发。从事任何工作，都要追求卓越，致广大而尽精微，以勤学长知识、以苦练精技术、以创新求突破、以超越创一流。

1. 创新进取

创新进取是指无论干什么工作、从事什么职业，都必须富有创见，解放思想、更新观念，用新思路、新举措、新办法攻坚克难。在“大众创业、万众创新”成为时代主题的今天，劳动者应善于将新技术、新工艺、新材料、新设备为我所用，展示锐意创新的个性。面对新形势、新挑战，劳动者应始终以自我革命的勇气革故鼎新、革新技能、反复实践，通过创新推动事业发展。

## 主题阅读

### 用创新进取续写“我为祖国献石油”

刘丽是中国石油大庆油田有限责任公司第二采油厂第六作业区采油48队的采油工人，为了油田的高产、稳产，作为新一代石油工人的刘丽，在采油一线奋战了近30年。

不同于过去靠地层压力，石油就能喷涌而出。如今，采油开发难度越来越大，新一代石油人的奋斗，不需再用身体搅拌泥浆，而要靠创新去实现突破。

1993年，从技校毕业的刘丽来到有着光荣传统的大庆油田有限责任公司第二采油厂第六作业区采油48队，成为一名采油工。出生在黑龙江省大庆市的刘丽，从小听着铁人王进喜的故事长大，她的父亲也曾和王进喜一同参与过大庆油田会战。在父亲的影响下，刘丽在岗位上迅速成长为一名技术能手。“大庆精神”“铁人精神”像一面旗帜，激励着她不断向前。

和父辈们在贫瘠的土地上“出大力、流大汗”不同，作为新一代石油工人，刘丽更懂得用创新来为大庆油田的高产、稳产做贡献。

每次上井工作，采油工携带的工具重达15千克，刘丽经过巧妙构思，多次试验，将撬杠、管钳、扳手和旋具合为一体，操作工具总重量减少到2.5千克，这种使用时可随意切换的工具，既减轻了工人的劳动强度，又大大提高了工作效率。

工作中的刘丽

心里面想着工作，灵感总是不时闪现，刘丽发明的“上下可调式盘根盒”，解决了采油工更换盘根难、盘根使用寿命短等弊端。多年来，5代“上下可调式盘根盒”在6万多口油井上使用，每年节约维修工时10万小时以上，节电2.4亿多千瓦时，多产油近万吨。

2011年，以刘丽名字命名的“刘丽工作室”成立。在刘丽看来，这个团队是技术和力量的整合，以前自己做，现在带十个人、百个人一起做，产生的效果肯定是不一样的。

如何在解决问题的同时，既能保证工作干得更快，还能干得更好，常常是刘丽日思夜想的事情。“做的东西要不断改进，甚至以前的东西还要推翻重来，事实上就是创新进取，追求卓越。”刘丽说。

2021年6月，刘丽荣获中华技能大奖，成为此项荣誉颁奖以来第一位获得排名第一的女性产业工人。

**思考：**创新有大有小。并不是颠覆传统格局的革命性创新才有意义，每一个细微的变革都是推动时代发展的助力。近年来，“微创新”的概念风行，请认真研究你工作中的细小问题，写出一个你在工作中发现的“微创新”的点子。

刘丽曾说：“创新的目的要追求实用性、经济性和安全性。”搞生产，每天都会面临各种各样的新问题，刘丽的工作就是解决问题，但她解决问题的方法并不是墨守成规，而是以新颖、独特、别出心裁的方法去突破常规。对于优秀的劳动者来说，优异的技术能力总是与创新相伴而行的。他们学习专业技能时，决不会被既有的技艺约束。面对实际操作中遇到的各种问题，他们不会回避、不会退缩，而是不断思考、进取，直到问题得到圆满解决。

2. 自我超越

自我超越是指不断超越过去的目标和成绩，去创造更大的空间。自我超越是一种状态、一种追求。不断反省自己、提升自己、完善自己的过程就是超越自我的过程，也是追求卓越的过程。一个能够自我超越的人，一个能够自我超越的企业，都是在奋斗的过程中去实现自身价值的。自我超越的价值在于学习和创造。对真正的工匠来说，追求卓越是工作的需要，是一种工作品质，甚至可以说是一种信仰，是永无止境的。自我超越不仅是对工作价值的一种肯定，也让劳动者的人生价值在不断超越中得到升华。





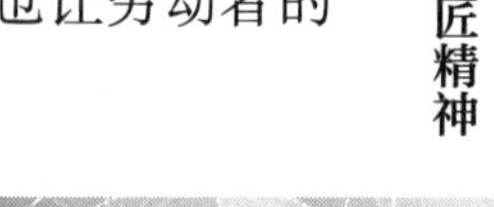

## 主题阅读

### 不断精进自我超越的“焊神”

因为不断超越自我、不断超越前人，他成为众人眼中的“焊神”。他就是沪东中华造船（集团）有限公司电焊高级技师张翼飞。

在亚洲金融危机时期，沪东中华为德国建造的4艘集装箱船上层建筑因为船东苛刻的检验而迟迟不能交付，如果再不能过关，沪东中华将面临数额巨大的罚款。张翼飞得知这个消息后，主动向领导请战，承诺道：“我的班组可以解决这个问题。”当时很多人都心存疑虑，但面对史无前例的压力，张翼飞明白，要让船东认可质量，就必须掌握过硬的技术。早已出师的他，还到处拜师学艺。在这种孜孜不倦的学习精神影响下，班组其他成员也不甘落后，你追我赶钻研焊接技术，这就是他自信的源头。2个月后，张翼飞和他的班组终于打赢了这场攻坚战，张翼飞成了沪东中华的“明星”。

张翼飞深信，正确的理论是提升技艺的可靠保障。因此，他对焊接理论进行了更为系统的学习和研究。他屡屡获得殊荣。全国技术能手、中华技能大奖、全国劳动模范等桂冠，并没有使张翼飞停止钻研技术的步伐，他深深明白“勇于超越”这个道理。因此，在每次获得荣誉之后，他都会对上一个阶段的学习进行总结。

张翼飞在调试设备

数年前，沪东中华从日本引进一批先进的焊接设备，日本专家几经调试也无法使设备的某些技术参数达到施工要求。“让我来试试！”这时张翼飞站出来说。当时张翼飞突破极限规范，对设备参数进行了大胆修改，结果焊接设备调试取得了理想效果。张翼飞的手艺得到了日本专家的称赞：“张先生的焊接水平是世界级的！”

张翼飞并没有因为自己的高超技艺而沾沾自喜。他认为，人应该把目光放得更远，应该掌握更多的知识。现在，张翼飞已经掌握了100多种焊材的焊接技术，也就是说，他所掌握的焊接技术几乎涵盖了所有焊接领域。经常有人问张翼飞：“你真有这样神奇的本领？你是怎样练就这种神奇的本领的？”他微笑着回答：“其实这也没有什么，只要用心，肯下功夫，一切就不再神奇。”

**思考：**根据自己的工作实际，谈一下自己应该如何追求卓越。

不断精进成长，才能超越自我。张翼飞为了实现中国造船强国梦，利用一切时间，积极做好各项技术储备工作，让自己的焊接技术功底更深厚，焊接领域更宽广，成功实现了一次又一次的自我超越。他把技术当作乐趣、当作动力，立足岗位，胸怀行业，体现了大国工匠的境界——自强不息、开拓进取、追求卓越、勇攀高峰！

## 4.3 践行工匠精神

工匠精神是一种强大的民族精神力量，也是一种良好的社会道德风尚。我们学习和弘扬工匠精神的主要目的，就是通过践行工匠精神，提升技能，磨炼心性，最终成为专业领域内或行业内的工匠人才，实现个人成长成才，推动国家社会发展。

对工匠精神的致敬，就是努力让自己成为工匠。每个劳动者都应该成为自身领域中工匠精神的践行者，把工作作为事业追求，心无杂念，一心一意，无论遇到什么困难挫败都不放弃、不退缩、不妥协，不懈追求、坚持到底。将个人追求融入时代洪流，拥有精益求精的匠心，对自己的工作和产品精雕细琢，让工匠精神焕发出强大的生命力。

# 一、坚定理想信念

## （一）树立技能报国的理想

“国之兴，长于政；政之兴，在得人。”得人才者得天下，人才是第一生产力。技能人才是国家的宝贵资源，重视和抓好技能人才的培养，对促进经济发展、产业升级、推动产业高质量转型、提升综合国力、建设世界强国，具有重要意义。习近平总书记对我国选手在世界技能大赛取得佳绩作出重要指示强调：“要在全社会弘扬精益求精的工匠精神，激励广大青年走技能成才、技能报国之路。”习近平总书记的重要指示为做好技能人才工作指明了前进方向，也传递出党中央对技能人才的高度重视。

面对全面建设社会主义现代化国家新征程，如何激励更多劳动者特别是青年人走技能成才、技能报国之路，培养更多的高技能人才和大国工匠？

1. 要做到技能报国，就要自觉树立爱国奉献的远大理想

伟大事业始于梦想，梦想是激发活力的源泉，梦想有多高飞得就有多远。梦想即理想，理想是奋斗目标。只有志存高远，干事才会有激情，奋斗才会有动力，事业才会有大发展。劳动者要树立爱国意识，心系祖国，始终做到把自己的成长进步和职业发展同国家前途命运紧紧联系在一起，与国家心连心、同呼吸、共命运、荣誉与共；关心国家发展，用学到的本领服务人民、报效祖国。

**主题阅读**

### 技能报国：时代舞台广阔，青年大有可为

几秒钟便能识别泵管阀故障位置的曾璐锋、每层汽车喷漆厚度误差不超过0.01毫米的杨金龙、焊接的产品几乎零瑕疵通过X射线相关检测的曾正超……从先进制造业到战略性新兴产业，再到现代服务业，一大批年轻技工在职业技能竞赛的大舞台上脱颖而出，他们磨炼精湛技艺、切磋技术本领、用奋斗与汗水书写精彩的人生。

技能人才工作取得积极成效，人才规模明显扩大，这些成绩的取得是大量技能人才长期艰苦磨炼、扎实提高技艺的结果，更是越来越多的青年投身技能成才、技能报国之路的生动缩影。据统计，截至2021年年底，全国技能人才总量突破2亿

人，其中，高技能人才超6 000万人。在工厂车间、在建筑工地、在训练场上，青年技术工人苦练本领、精益求精，成为新兴技术、新兴产业的技术骨干，成为支撑中国制造、中国创造的重要力量，他们以一往无前的姿态，在奋斗中释放青春激情，在平凡中坚守青春梦想。

从“嫦娥”奔月到“祝融”探火，从建设港珠澳大桥到建设北京大兴国际机场……诸多重大项目、重大工程的顺利实施，都离不开高技能人才的奉献与付出，在“人人皆可成才、人人尽展其才”的时代背景下，中国技能人才队伍将迎来黄金发展期。与此同时，我们也应看到壮大技能人才队伍仍面临着一些障碍。一方面，“重学历、轻技能”的观念依然存在，技能人才群体仍存在待遇不高、获得感不强等问题；另一方面，技能人才供需矛盾仍然存在。教育部、工信部等部门调查显示，仅制造业的十大重点领域中，到2025年技能人才缺口将接近3 000万人。

随着我国进入新发展阶段，各行各业都迫切需要大批技艺精湛、精益求精的技术工人队伍。近年来，为提高技术技能人才的社会地位，大力弘扬工匠精神，相关部门持续加大制度创新、政策供给和投入力度：新修订的职业教育法为培养更多高素质劳动者和技术技能人才、打造现代职业教育体系夯实法治基础；《技能人才薪酬分配指引》出台，推动企业建立健全符合技能人才特点的工资分配制度；四部门联合印发《“十四五”职业技能培训规划》，专门就完善技能人才职业发展通道提出了明确要求……。

时代舞台广阔，青年大有可为。相信会有越来越多的青年投身技能成才、技能报国之路，在奋斗中绽放青春风采。

**思考：**谈一谈青年人实现“技能报国”梦想的意义和途径。

习近平总书记强调：“我国经济要靠实体经济作支撑，这就需要大量专业技术人才，需要大批大国工匠。”技能报国不是一句空话，是一代又一代的国之重匠用行动和生命践行的忠诚诺言。青年劳动者不仅要培养爱国主义情怀，更要知道爱国不是一句空话，而是需要广大青年劳动者的躬行实践。

2. 要做到技能报国，就要脚踏实地干一行、爱一行、钻一行

俗话说：三百六十行，行行出状元。每个行业都有绝活，每个领域都有尖端技术，掌握了绝活和尖端技术就掌握了高技能。当然，高技能不是轻而易举、轻

轻松松就能掌握的，需要劳动者对技能热爱、投入和执着，更需要吃苦耐劳、勤于钻研。千里之行始于足下，万丈高楼平地起。天下难事，必做于易。一切伟大事业、伟大成就都是从简单事情做起的。青年劳动者要树立正确世界观、人生观和价值观，无论干什么工作，都要能静得下心、耐得住寂寞，满怀激情、坚定执着，从点滴做起，踏踏实实、爱岗敬业。

## 主题阅读

### 用行动写下“匠心追梦，只争朝夕”

讲述人：湖南株洲九方装备股份有限公司立车班班长、高级技师、全国劳动模范邹毅。

2006年，我从职业技术院校毕业，被分配到九方装备公司工作。十几年来，通过在一线摸爬滚打，我的技能水平得到很大提升。进厂第4年，我被公司聘为立车班班长。10年间，我攻克了公司生产任务骤增、产品质量提升和设备攻关任务骤增、年轻新工人骤增等一连串困难，带出了一支高素质、高职称、敢打硬仗、能打胜仗的职工队伍。

现在，全班25名职工里，有高级技工13人，技师和高级技师7人。有了这样一支队伍，我们圆满完成了公司技术攻关任务60余项，设备攻关任务40余项，新产品攻关任务30余项。由我创造的“邹毅机车车轮先进操作法”被列为公司生产工艺标准，并被评为公司“优秀成果奖”。

邹毅在车间工作

进厂第8年时，公司以我名字命名的“邹毅劳模创新工作室”成立。我带着团队攻坚克难，累计实现技术革新200多项，完成技术装备和先进工艺方法专利17项。团队中有1人获得全国技术能手称号，3人获得湖南省技术能手称号，4人获得株洲市技术能手称号，工作室也得到了“技能大师孵化器”的高度评价。

2015年，我获得湖南省劳动模范荣誉。5年来，我以更高标准要求自己，参与和负责完成公司40余项生产质量技术攻关任务；成为职工专业技能培训授课老师和职业技能比赛专业考评员，参加和主持各项技术培训和技能比赛90余场次，与20余位青年技工签订了结对子培训合同，帮助35位中级技工通过高级技工鉴定，帮助20名高级技工考取数控车技师职业技能等级；编写职工专业技能培训教材，先后参与了13本专业技术书籍的编写工作。

心中的格局有多大，人生的舞台就会有多大。靠自己的双手和智慧，我希望带领更多青年人，用行动书写“匠心追梦，只争朝夕”的决心。

**思考：**请结合案例，思考在你的工作实际中，如何脚踏实地地追逐职业梦想？

“择一事，终一生”是一种人生选择，也是一种人生境界。现代社会，职业选择的多样化、个人价值的多元化都对当代劳动者提出了更多的挑战。爱岗敬业、忠于职守就是忠于自己的工作，并尽职尽责完成工作。技能报国、技能成才就是将爱岗敬业的心态和精神融入自己的实际工作中，将职业当作事业，全身心投入岗位，以主人翁的心态对待工作，这终将会使你拥有自己的事业，建功立业。

### （二）坚定技能成才的信念

中国有句老话叫“技多不压身”，习近平总书记多次强调要“培养更多高技能人才和大国工匠”，并发出“走技能成才、技能报国之路”的号召，对广大劳动者特别是青年一代是巨大的鼓舞。近年来，国家通过一系列政策、举措，努力让技术工人在发展上有空间、经济上有保障，大力培育尊崇工匠精神的社会风尚。一代一代像高凤林、梅琳这样的大国工匠们把专注不移、追求极致的气质，融进了他们出神入化的手艺里，把手里的一件件产品、一次次任务都做成了一个个卓越的作品。“着一事、传一艺、显一技”，这种精神境界，也是值得所有劳动者学习的一种职业精神。

技术技能是劳动者的核心能力，努力提高技术技能，让工匠精神转变为现实





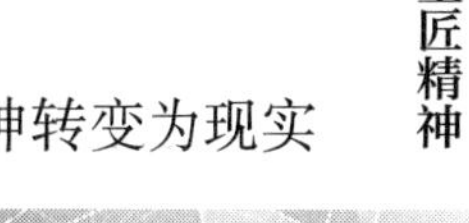

生产力是我们肩负的责任。只有努力学习、刻苦钻研，日复一日地践行工匠精神，才能实践“技能成就梦想”的美好蓝图。我们更应该牢牢把握好在学校、在企业学习技能的机会，努力向高技能人才学习，向工匠楷模学习，通过技能发展和创新回报国家和企业的培养，实现自己的人生梦想。

## 主题阅读

### 世界冠军是这样“砌”出来的

2017 年 10 月 19 日，第 44 届世界技能大赛在阿联酋阿布扎比闭幕。高举中国国旗站上了砌筑项目冠军领奖台的是梁智滨。他以不超 1 毫米误差的垂直度、平整度、清洁的墙面外观，以及对时间的准确把握，砌出了三堵“高颜值”墙。这是中国选手在世界技能大赛砌筑项目上首次夺金。

“获得世界冠军，绝非偶然事件，而是源于连续两年每天练习 10 个小时铲灰砌砖的坚持。”梁智滨说，从 2015 年 10 月到 2017 年 10 月，“一铲灰、一块砖、一挤压”这三个动作，他每天重复 300 下，两年内他砌了 400 多堵墙。那些墙拆了又建，建了又拆。

如此枯燥的动作，梁智滨会不断重复，力求每一条砖缝都处理得干净而快速。为了不影响手感，梁智滨在练习时从不戴手套，指甲缝里常常掺入青白的石灰。

梁智滨正在砌墙

在师傅林晓滨的眼中，徒弟梁智滨的日常生活就是“机械性地重复”，砌墙，推倒，再砌。闷热的夏天，在没有电扇和空调的大铁棚里，师徒俩照练不误。“白天练习，晚上回到宿舍总结当天的得失，避免犯同样的错误。”梁智滨说，不管是水平测量，还是垂直方向和角度测量，都不允许出现1毫米的偏差。此外，还要在墙体的清洁度及艺术美观上有严格的要求。

在世界技能大赛现场，按照比赛规则，选手必须按照图纸在22个小时内砌出3面墙体。在这场比赛中，梁智滨使用的工具多达20多种。梁智滨说，成功源于平日的积累。没有之前的重复训练，是不可能拿到世界冠军这个荣誉的。

**思考：**梁智滨的成长事迹对你有什么启发？

作为第44届世界技能大赛砌筑项目金牌得主，梁智滨用日复一日的坚持和精益求精的琢磨，将手中的工作做到极致，让中国砌筑技术屹立在世界舞台中央。他是青年技工的榜样，他的事迹更加坚定了青年一代走技能成才之路的决心。

习近平总书记强调：“劳动者素质对一个国家、一个民族发展至关重要。”技能人才队伍对推动经济高质量发展具有重要作用。习近平总书记的重要指示，为做好技能人才工作指明了前进方向，提供了根本遵循和强大动力，也为当代青年树立技能成才的信念提供了坚实的保障。

## 二、投身本职岗位

### （一）认识和理解自己的职业

职业无论对于个人还是社会都具有十分重要的作用。从个人角度来看，职业是劳动者扮演的社会角色，并承担的一定社会义务和责任。每个人只有热爱自己的职业，专注于本职工作，才能在自己的领域有所成就。各行各业的工匠，都要各司其责，各尽所能，只有在自己专长的领域持续专注的发展，才能练就精益求精的技艺。专一、专注是工匠的核心，也是工匠最该有的精神。

认识和理解自己所从事的职业，是热爱和投身职业的前提。各行各业都有其独特的属性和特点，我们除了要了解自己正在从事或者未来即将从事的职业的工作内容，更要了解其对劳动者的要求，与自身的职业理想、技能水平、个性特点是否匹配。当所从事的职业能够使个人的才能得到发挥、个性得到不断发展与完





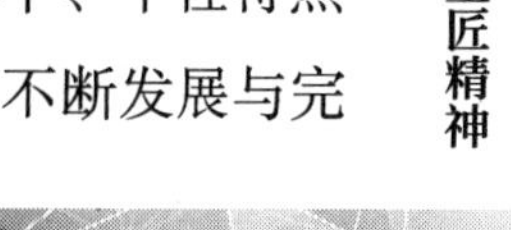

善，并在精神上追求工匠境界时，这种职业就能成为促进个人健康发展的途径，人们自我实现的需要便逐步得到满足。

## 主题阅读

### 与突破众多“中国不可能”的大国工匠聊职业

2018年“大国工匠年度人物”的潍柴动力首席技师王树军从小在潍柴厂区家属院长大，是一名地地道道的潍柴子弟。进潍柴当一名工人，是王树军儿时就种下的梦想。1993年，从潍柴技校毕业后，王树军如愿进入潍柴老车间维修老式机床，在他眼中，设备上的每一个零件都是一个独立的生命，经过重新碰撞组合后，都会产生新的生命与活力。

秉承着兴趣、专注和执着，王树军一门心思钻研业务，不到十年的时间，就担任了负责615厂4个车间维修工作的维修班长。坚守一线的职业生涯中，王树军获得了富民兴鲁劳动奖章、山东省机械行业十大工匠等多项荣誉，潍柴专门因他建立的“王树军工作室”也先后被评为“山东省劳模创新工作室”“全国机械冶金建材系统示范型职工（劳模）创新工作室”。

“确实有过外地企业想高薪聘请我，集团领导也向我提过几次，要我从事管理工作，但我还是想在一线和设备打交道。”王树军表示，坚守一线的26年里，自己从未忘记过初心，“潍柴的精神是‘激情、感恩、执行、创新’，而我的信念是‘不忘初心、牢记职责，干好工作、心中快乐’，我热爱一线的工作，干一行就要爱一行。”

聊起自己的工作历程，王树军充满了激情。细节决定成败，王树军深谙这一道理，在二十几年的职业生涯里，他从不会放过工作中遇到的任何一个小问题、任何一个小细节。

“比如程控设备的维修就是一个非常细密的工作，这些设备都精密、复杂，也非常昂贵，动辄价值几百万元上千万元。所以，我每次维修设备都很小心谨慎，维修前也要反复琢磨、研究，做起来‘比绣花还细！’”王树军感叹，有些设备光拆卸就需要一天半的时间，对于拆下的每一个零件，自己都仔细做好标示，拆一点用相机拍一点，记录下来，然后再分析与相关零件的关系，最后发现故障点，进行修复。

王树军还举例道，精密机床的维修，同样也是一项精细活，既要有脑力的支撑还要有体力的保障。王树军回忆道，有一次自己要维修德国进口机床，需要钻到设备工作台底部工作，而且只能趴着行动，“里面温度高、空间狭小，没有足够的体力很难支撑下来。”王树军说，有时为了落实一个问题，在里面一待就是一两个小时，每次出来时浑身都是汗水和油污。王树军说，“干这一行，就一定要下足绣花功夫！”

工作中的王树军

凭借着精湛的技艺，王树军很早之前就成为潍柴乃至国内发动机行业中设备检修技术的集大成者。凭着一股不服输的劲头，王树军还向国外权威发起了挑战，闯进了国外高精尖设备维修禁区。

“只要我们千千万万坚守在一线岗位的职工都来做工匠精神的坚定践行者，中国制造业自主创新就有无限的活力，迈向高端就有无限的可能！”王树军常常说，“输血”的同时更要学会自主“造血”。

王树军的每一项革新都是他专注和坚持的风景，每一项创造都是他专业和敬业的凯歌。他通过苦心钻研和技术革新，突破了一个又一个令外国专家侧目的“中国不可能”。一路走来，王树军用实际行动诠释了“大国工匠”的定义，为广大职工树立了正直进取、勤学实干、技能突出的榜样形象。

**思考：**结合案例，谈谈你对自己的职业和行业是如何理解的？

### （二）制定明确的职业发展规划

“择一业，终一生”是匠人匠心的人生格言，也是他们用行动践行的忠诚诺言。一个人的职业发展是其生活的重要组成部分，选择了一份职业就是选择了一种社会角色，进而选择了一种生活方式。每个人都应该是自己人生事业的规划者和耕耘者，规划自我、发展自我，为实现自我价值创造机会，这也是为什么有时候方向比努力更为重要的道理。成为工匠，是每一位平凡劳动者的职业目标，是一个漫长久远的职业成长历程，也是追求自我实现的重要经历。

1. 职业规划的出发点

职业规划和发展的出发点，是以个人的心理、生理、智力为基础，以社会发展需求及工作内容的确定和变化为依据，以满足需求为目标的工作经历和内心体验。职业规划要回答四个基本问题：干什么、在哪干、怎么干、以什么样的心态干。这是进行职业选择和职业规划时需要充分考虑的前提条件。也可以将此概括为职业规划中的“四定”：定向、定点、定位、定心。

定向就是确定自己的职业方向。在新时期国家建设发展中，高质量发展已经成为大势所趋。国家的建设发展需要越来越多的专业性技能人才。青年一代在选择职业方向时，应该向国家和社会的职业导向靠拢，积极响应号召，将自身所学技能与职业进行匹配，实现个人发展与社会需求的统一。

定点就是确定职业发展的地点。地点是现实环境的一个因素。我国当前各地的经济发展现状和前景都有所不同，甚至差异很大。不同区域的发展领域不同，优势资源各异，在职业选择和职业规划时，要充分考虑和分析区域发展与个人发展的匹配度，最大限度地实现科学理性就业，长远从容择业，专注执着守业。

定位就是确定自己在职业人群中的位置。定位过低会导致个人在职业发展中无法实现个人价值的最大化，定位过高容易遭受挫折，从而对职业生活丧失信心。职业本身没有高低，但是职业技能的掌握和运用程度人人有差异，在职业发展中要充分认识自身的职业技能水平，从现实因素考虑，对职位、薪资、工作内容做出判断和把握。

定心就是稳定自己的心态。人的一生必然会有高低起伏，得意与失意总是结伴而行，个人的职业发展也不例外。在实现职业理想与目标的过程中，难免会遇到磕磕绊绊和意想不到的困难。要保持一种平稳的职业心态，秉持执着专注的工匠精神、干一行爱一行的职业操守，善于用创新思维解决困难和问题，始终坚定如一践行自己的职业理想。

2. 职业发展规划的主要原则

制定科学合理的职业发展规划必须遵循一定的原则，如下表：

| 基本原则 | 内容和解释 |
| --- | --- |
| 可行性 | 职业发展规划要有事实依据，并不只是美好的幻想，否则只能是纸上谈兵 |
| 清晰性 | 保证目标与措施的清晰明确，可以具体实施计划以达到目标 |
| 适时性 | 未来有很强的不确定性，规划要有弹性，能随着环境、政策的变化而适时调整 |
| 持续性 | 规划要考虑到职业发展的整个历程，每个发展阶段应能持续连贯衔接 |
| 长远性 | 规划应该从大方向着眼，尽可能制定远期职业发展目标 |
| 挑战性 | 如果目标在原地踏步不前，职业发展则失去了原本的意义，也无法激励自己 |

3. 职业发展规划的步骤和内容

完整、有效的职业发展规划包括自我评估、外部环境分析、目标确定、实施策略和反馈评估五个阶段。

| 自我评估 | 外部环境分析 | 目标确定 | 实施策略 | 反馈评估 |
| --- | --- | --- | --- | --- |
| 对个人兴趣能力、特长、学识水平、潜能等方面的综合评估 | 对社会政治环境、经济环境和组织环境的分析 | 制定可实施的短期目标、中期目标和长期目标 | 进行学习培训、技能提升、实践计划等方面的安排 | 不断反省和修正目标及策略 |
| 第一阶段 | 第二阶段 | 第三阶段 | 第四阶段 | 第五阶段 |

## 三、提升职业能力

职业能力包括通用职业素质、专业技能，是劳动者在工作岗位上适应工作需要所必备的。优秀的工匠一定是专业技能、创新思维、责任意识和综合素质过硬的典范。

### （一）累积知识技能，执着专注

在提升职业能力的过程中，劳动者要不断研究与创新，将工匠创造力的提升融入企业发展建设中。此外，劳动者专业知识和专业技能的积累、提升，需要通过前辈的指引。在新型学徒制下，工匠养成可以遵循“守破离”的定律：一开始

“守护”师傅传授的基本功，像海绵一样吸收；然后“打破”形式、灵活运用；最后“离开”形式，开创自己的新境界。“守”，模仿作为匠人的规定动作，学习生活态度、基本操作、程序心得等；“破”，打破师傅传授的基本形式，融会贯通，开始自选动作；“离”，开创自己的新境界，也就是从师傅那里独立出来，自立门户，打造自己的技能。

## 主题阅读

### 在家中自建“工作间”的高铁事业追梦人

宁允展是中国中车股份有限公司首席技能专家、高铁首席研磨师，国内第一位从事高铁转向架“定位臂”研磨的工人，也是这道工序最高技能水平的代表，被同行称为“鼻祖”。“工匠就是凭手艺吃饭。”宁允展为提升和拓展自身的操作技能，解决公司生产中的难题，并实现“一专多能”的职业理念，自建家庭“创新工作室”，并利用业余时间在这里进行创新钻研，艰苦奋斗，为公司做出了不少贡献，被誉为“大国工匠”“我国高铁研磨的第一把手”。

除了具备扎实的钳工技能外，宁允展又经过长时间的刻苦学习，熟练掌握了第二专业——电焊，这项技能在工作中发挥了重要作用。为了革新技术方法，他购买了车床、铣床、电焊机等设备，在家中自建了一个小“工作间”。工作之余他就在“工作间”埋头苦练，成为生产车间中“一专多能”的“多面手”。工匠就是凭实力干活，想方设法把手里的活干好，这是本分，也是他始终如一的工作信条。高速动车组进入大批量制造阶段，构架研磨制约生产的问题日渐突出，凭借多年的工作经验，宁允展将攻关方向对准了研磨工艺。经过近半年的反复摸索和试验，他总结出一套“风动砂轮纯手工研磨操作法”，将研磨效率提升了1倍多，接触面的贴合率也从原来的75%提高到了85%以上，他和他的团队，创下连续10多年研磨的定位臂无不合格品纪录。

钻研技术的宁允展

作为一名中国高铁的制造者，宁允展认识到知识、技能、态度是影响工作进行的三个重要因素。他坦言：“在工作中要面临各种各样的问题，带好一个团队、实现工作目标，不但需要自己技能好还需要其他方面的综合能力。”工作之余，他参加劳模本科班学习，提升自己的工作能力。

如今，国内铁道线上飞奔着高速列车，宁允展说，身为第一代“高铁工匠”，他的梦想就是自己研磨的高速列车走出国门、驰骋世界！

**思考：**请梳理在你的工作实践中，有哪些途径可以帮助你提高职业技能？

平凡铸就伟大。工匠精神需要通过自身的行动去践行，也需要传承与发扬。通过学习可以从不同的角度寻找解决实际问题的方法，要从单打独斗转变到团结其他同事发挥各自的优势更快更好地解决问题。努力学习新的知识、刻苦练习技能、认认真真对待每一件产品，人人都可以做一名精益求精、善于创新、积极肯干、脚踏实地的大国工匠。

### （二）培养创新思维，精益求精

创新思维，是指以新颖、独特、别出心裁的方法解决问题的思维过程。创新思维通常能突破常规思维的界限，运用超常规或者反常规的方法和视角等去思考和解决问题。

如果说创新是产品的灵魂，精益便是产品的生命。将自己的产品或服务当作艺术品来雕琢，才能赋予产品和服务更灵动的内涵。在工作实践中，我们可以从工作中的“微创新”做起。在需要运用创造力来解决问题时，先明确你的所需，限定一个框架，然后在框架内寻找答案。这远比漫无目的的发散思维或静候灵感降临更有效。

创新并不是多么了不起的非凡之举。创新靠的不是天赋，而是一种技能，跟生活中的其他技能一样，任何人都能通过学习去掌握它，都可以熟能生巧。

**主题阅读**

## 传承工匠精神“小改小革”为企业增效益

2019年，新疆银朵兰维药股份有限公司（以下简称“银朵兰”）获得全国五一劳动奖状，这也是历年来新疆首家获得此奖的民营药企。银朵兰前身是乌鲁木齐制药厂，有50多年的制药历史，因产品结构单一、管理模式滞后等原因，企业面临破产。2001年重组改制、调整产品结构，淘汰缺乏竞争力的化学药品，开发研究民族医药。

**工作室为企业添动力**

2014年，银朵兰以全国五一劳动奖章获得者、自治区级劳模李俊的名义创建了劳模和工匠人才创新工作室。工作室成立后，企业累计投入资金2.58亿元，推进创新平台建设，促进创新成果转化。工作室为企业新增13项创新成果，已成功转化12项，2018年年底，还获批了4个国家级药物临床试验批件，“比那甫西颗粒”是其中之一。

李俊说，劳模和工匠人才创新工作室将劳模和科研技术人员、优秀的产业工人有机结合在一起，攻克企业发展中的重点、难点问题，这在当前成本竞争的微利时代和产能过剩的大环境下，对提高企业市场竞争力有着积极的意义。

工作人员在对药品包装进行仔细检查

工作室由研发部门、生产部门、设备后勤保障等多个部门的133名骨干组成。除了科研人员，产业工人、维护设备的后勤人员也在这个“舞台”上各显其能、推陈出新，为企业发展注入动力。

**师徒结对传承工匠精神**

药品质量一头连着企业，一头连着患者，可谓企业的生命线。而这条生命线上，每一道工序都需要产业工人付诸专一、耐心与坚持。

工作室成立后，推行“师傅带徒弟”的制度，全员学劳模学先进，传承工匠精神。企业共有130多对师徒，包祖杰和田民就是制剂车间制粒班的一对师徒，两人都是企业内评出的劳模先进。制粒工序是制药生产线的第一道工序，也是最重要的一道，有粉碎、称量、制粒、烘干等 8 个步骤。对从事制粒工作 40 年的包祖杰来说，制粒工序的一套操作他做过千万遍，已十分娴熟，但仍不敢有丝毫懈怠。工作难度虽不大，要做好却不容易，需要严谨、耐心、专注、坚持才能做好。

**“小改小革”为企业增效益**

以工作室为平台，企业还鼓励职工在各自岗位大胆尝试“小改小革”努力创新，提高工作效率。设备动力部主管安寒光多次对机械设备进行“小改小革”，不仅成就了自己，也为企业做出突出贡献。企业对安寒光进行了表彰，并鼓励全员职工向他学习。安寒光说，得到认可后，自己就越发对“小改小革”上瘾。

2017 年年底，企业引进了一套全自动颗粒剂生产设备，但在运行中频繁出现故障，药品经过物料输送带弯道时总会卡壳，生产商也难以攻克这个漏洞。“几乎每天都会出现小故障，一周两次大故障，修一回就得浪费 4 小时……”经过半年反复钻研，结合多年维修经验，安寒光对输送弯道进行改造，彻底解决了问题。

“事实证明，平凡岗位也能出彩！”安寒光骄傲地说。

**思考：**结合案例，思考在你的工作实践中是如何开展微小创新的？

工匠必须把“匠心”和创新融入生产的每个环节，既要对职业有敬畏、对质量保精准，又要富有追求突破、追求革新的创新活力。

### （三）强化责任意识，一丝不苟

做任何事情都需要一丝不苟。但对于一个优秀的工匠来说，一丝不苟不仅是一种工作态度，更是一种行为习惯和职业操守。这种职业行为习惯，让优秀的工匠们总是心怀“责任如千斤之石悬于一丝”“品质如合抱之木生于毫末”的忧虑，不能给自己任何理由以懈怠。

对待工作敢担责任、一丝不苟，是一个人的习惯，是努力练习的结果，需要在日常工作中的点点滴滴下功夫。

要做到用心。用心是情感的倾注和精力的投入，就是要爱岗敬业，忠于职守，牢固树立工作无小事的意识，坚决杜绝无所谓、得过且过的思想，做到“始终把心放在工作上，把工作放在心上”。

要做到精心。精心是一种精神，就是要一丝不苟，不厌其烦，精益求精，追求卓绝，牢固树立“细节决定成败”的意识，善于思考和谋划，未雨绸缪，设想可能出现的各种情况，做到“精心、精细、精准、精益求精”。

要做到虚心。虚心是一种修养，放低姿态，牢固树立“学习无止境”和“服务无止境”的意识，甘当小学生，甘当勤务员，勇于批评和自我批评，虚心接受别人意见和建议。

## 主题阅读

### 我的工作就是跟毫厘较劲

工作台旁，周建民拿起徒弟加工好的一个零件，用手轻触表面，脸上露出了一丝笑容，“这个零件合格了。”

这可是精度要求极高的零件啊！摸一下就敢说合格了？不是随便说说吧？

这还真不是随便说说。作为中国兵器淮海工业集团有限公司十四分厂工具钳工、中国兵器首席技师、“三晋工匠”年度人物、全国劳动模范，周建民不借助任何机器设备，全凭手感就能感知 1/60 头发丝直径的精微。

“我的工作就是跟毫厘较劲。”周建民说。

工作中，周建民的尺度是精益求精。

一次，公司生产调度找到周建民，说有个重点项目的量具部件太薄，让他想想办法。周建民发现这个量具加工部件较薄、间隙脆弱，数控切削很容易导致变形，就提出用纯手工加工，并把重点放在解决变形上。

测量零件的周建民

“这对手的力度感和稳定性要求很高，稍不准确就会导致量具变形报废。”周建民说，既要保证尺寸、对称度，又要把握一丝一毫的细节变化。

周建民凭借多年练就的力度感和稳定度，开始尝试对量具进行手工研磨。两天后，加工出的量具一次性通过精密检测，周建民松了一口气。几百万元的高精密进口设备干不了的活儿，就这样被他用双手“拿下”了。

追求极致已经融入周建民的血液中，成了一种工作习惯。正是这种对极致的追求，让他创造了精度达到1/60头发丝直径的“周氏精度”。他完成了1.5万余项专用量规生产制造任务，进行小改小革，工艺创新项目1 100余项，累计为公司创造价值3 100余万元。他秉承工匠精益求精、精雕细琢的产品态度，1.5万余件微米级专用量规没有出现一件质量事故。他用工匠担当，组织团队破解位置量规、无人机内外轴、中国现代第一枪电磁枪等工厂、国家乃至世界级的机械制造难题。面对一次次高薪聘请、各种诱惑，他选择了工具钳工这个平凡的工人岗位，敬业坚守、道技合一、精雕细琢、默默敬业奉献。

2021年，周建民被评选为“大国工匠年度人物”。

**思考：**在你的工作实践中，是否存在比较容易忽视但又至关重要的细节？你将如何更好地处理这些细节问题？

### （四）提升综合素质，追求卓越

新时代呼唤新人才，对技能人才提出新要求。新时代的新型工匠不仅要注重对传统工匠优秀品质的锻造和传承，还要更加重视对学习能力、创造能力的培养和提升。把握新时代对劳动者的新要求，善于利用新环境，科学制定新目标，不断提升技能技术，追求综合素养提升，才能在社会主义建设的新征程中实现自我、服务社会。

在成为工匠、传承工匠精神的实践中，学习是重要的途径。不仅要学习技能技术，更要提升自身综合素质。开拓和把握“终身学习”的途径，通过继续教育提升自身的专业理论知识水平；通过技能培训提升自身的技能水平；通过思想政治理论学习提升自身的道德修养。这些都可以为劳动者在践行工匠精神、提升综合素质时提供源源不断的能量。

## 主题阅读

### 不断学习精进成就技能大师

0.03 毫米是一辆轿车最薄的漆面厚度。高温下的烤漆房，被汗水浸湿的衣衫，全国五一劳动奖章获得者周宏祖的工作就是每天重复实践这 0.03 毫米。

2007 年周宏祖初中毕业，从黑龙江老家来到海南谋生。两年后，他被学校推荐进入汽车销售公司售后服务部工作。为提升技术，周宏祖每天在 40 到 60 摄氏度的烤房中加班加点练习喷涂技术。“看着额头没有汗，但是里面衣服已经湿透了。”周宏祖笑着说。

为保证喷漆过程的稳定性，周宏祖还在手臂绑上沙袋练习，增加手执喷枪的稳定性。在汽车喷涂作业中，颜色的差别，无法用语言形容，也无法量化，需要经过长期的色彩感觉训练和经验积累。为此，周宏祖利用课余时间报了油画班，专门学习色彩的调配。

干一行、爱一行，这是周宏祖的信念；做一行、精一行，这是周宏祖的追求。

“接受更好的教育，是对我人生的第一次‘充电’，从烤漆房到更广阔的天地，我迈出了第一步，也是最重要的一步。”

2020 年，周宏祖暂别坚守 10 多年的烤漆房，进入中国劳动关系学院劳模学院，重新成为一名学生，和来自全国各地的劳模同学们一起学习。

参加颁奖仪式的周宏祖

在学习的过程中，周宏祖受益良多。不同于在烤漆房苦练技巧的技能训练，他不仅开阔了视野，而且在自己的专业方面有了独到的见解和看法。

在参加了中国劳动关系学院劳模创新工作室论坛之后，周宏祖深刻认识到了自己的不足，并明确了今后的努力方向。他意识到，作为一名高级技工，要真正引领技术、带领团队是非常不容易的。要让更多的劳动者成为知识型、技能型和创新型人才，需要付出巨大的努力。

周宏祖立足海南省着力发展新能源汽车的良好态势，在入选第二批“南海工匠”后，获得了省里发放的30万元人才补贴。他向海南省人才部门提交了高层次人才申请，准备在海南筹建工作室，通过自己学到的方法帮助更多的学子磨炼技能，为更多的有志青年带来曙光。

“只有秉持一颗匠心才能服务于社会，改变未来生活。”

他凭借着“漆过无痕”的高超技艺，赢得了广大客户的称赞。周宏祖打算进一步筹建技能大师工作室，通过“传帮带”的方式，为海南汽修事业培养更多高技能人才。

**思考：**周宏祖的学习经历，给你什么启示？如何才能成为像周宏祖一样终身学习的新型工匠？

## 即学即用

1. 阅读下面的故事，思考并回答问题。

刘某刚进入负责为航天卫星生产设备的某高技术公司的时候，看见公司大厅的宣传墙上醒目地写着这样一句话：“不要满足于99.9%的成功，我们要的是100%。”

起初，他无法理解这句话，他认为无论什么企业或是哪种工作都难免犯错误，难道这家公司对员工工作的要求就必须达到100%? 或者说这家公司的员工真的能在工作中做到100%? 带着这样的疑问他走上了工作岗位。

工作了一个月之后，刘某惊讶地发现老员工们确实都做到了100%的达标。于是他就向一位经理请教。经理平淡地回答道：“咱们是一家生产卫星设备的公司，哪怕是千分之一或万分之一的失误都会导致难以挽回的灾难，所以，对咱们来说，99.9%的成功根本不叫成功，而是彻头彻尾的失败。有些人觉得完成了99.9%的工作任务已经可以称得上优秀了，但是在咱们公司，99.9%的成功就等同于不合格。当然，咱们并非只对工作任务提出100%成功的要求，更对工作态度提出100%的要求，因为只有以这种态度面对工作，才能成为真正的优秀者，才能让自己的职业道路走得更远。”

问题 1：你是否因为自己在工作中做到了 99.9% 的成功而陷于满足？

问题 2：你是否有过“差不多”的工作或学习状态？

2. 寻找工作中的创新：通过所学的创新方法，写出一个在你工作中发现的创新点，实现一项微创新。

（1）目前工作中存在的小问题（或细微需求）：

______________________________

（2）分析问题产生的原因：

______________________________

（3）创新点：

______________________________

（4）解决问题的方法：

______________________________

3. 确定你所生产的产品或服务的价值，并分析如何使其更加卓越。

（1）我的产品或服务很有价值，价值体现在：

______________________________

（2）我的产品和服务对精细度的要求：

______________________________

（3）提高产品或服务精细度需要的技能包括：

______________________________

（4）提高产品或服务精细度需要我学习什么知识和技能：

______________________________

（5）请结合现有资源，制订学习提升计划：

______________________________

4. 结合所学内容与职业要求，为自己确立职业目标，写出自己的“工匠”成长计划。

（1）根据自己所学专业及个人志向，定位职业目标：

____________________________________________

（2）对照目标，分析评价自己的职业技能和综合素质，分析优势和劣势：

____________________________________________

（3）为实现职业目标，制订自己的短期职业计划：

____________________________________________